Children's Educational Experience Only To Father

韩晓静◎著

只给爸爸看的育儿经

《爸爸去哪儿》带给我们的教子启示

南方出版传媒

广东经济出版社

—广州—

图书在版编目（CIP）数据

只给爸爸看的育儿经《爸爸去哪儿》带给我们的教子启示/韩晓静著. —广州：广东经济出版社，2014.8
ISBN 978-7-5454-3103-2

Ⅰ.①只… Ⅱ.①韩… Ⅲ.①家庭教育 Ⅳ.①G78

中国版本图书馆 CIP 数据核字(2014)第 180559 号

出版发行	广东经济出版社(广州市环市东路水荫路 11 号 11～12 楼)
经销	全国新华书店
印刷	佛山市浩文彩色印刷有限公司
	(南海狮山科技工业园 A 区兴旺路)
开本	730 毫米×1020 毫米 1/16
印张	15.75
字数	232 000 字
版次	2014 年 8 月第 1 版
印次	2014 年 8 月第 1 次
印数	1～5 000 册
书号	ISBN 978-7-5454-3103-2
定价	36.00 元

如发现印装质量问题，影响阅读，请与承印厂联系调换。
发行部地址：广州市环市东路水荫路 11 号 11 楼
电话：（020）38306055 38306107 邮政编码：510075
邮购地址：广州市环市东路水荫路 11 号 11 楼
电话：（020）37601950 营销网址：**http://www.gebook.com**
广东经济出版社新浪官方微博：**http://e.weibo.com/gebook**
广东经济出版社常年法律顾问：何剑桥律师

目录 Contens

第三章 言教不如身教——好习惯爸爸来以身作则

第四章 宝贝，原谅他吧——爸爸培养孩子的气度

第五章 父爱如山，父形如树——爸爸决定孩子性别特色的发挥

第六章 有爱不要藏起来——爸爸指引孩子爱的能力

第十章 勇敢说“不是”——爸爸影响孩子的创造力

第十一章 君子爱财，取之有道——好爸爸也要做“富”爸爸

第十二章 好爸爸胜过好老师——孩子的兴趣爱好需要爸爸来挖掘

前言 Preface

孩子的成长你怎能缺席

孩子一出生，所有父母都很快乐，可很快很多父亲就退居到边缘地带，以观望的姿态看着妻子打理孩子的日常生活，饮食起居，而鲜有积极参与进来。甚至有些妈妈看着丈夫笨手笨脚与孩子相处的样子，反而觉得是在给自己添乱，让他哪里凉快待哪里去。于是，父亲的不积极，母亲的从中干涉，就让爸爸和孩子错过最有趣的相处时光，甚至让孩子也错过了最佳的成长机会。

在亲子节目《爸爸我们去哪儿》中就有一个很典型的例子，王岳伦给女儿王诗龄扎辫子，几次三番都以失败告终，最终不得不求助工作人员。第一次操刀下厨的王爸爸能给女儿做一顿不怎么可口但还算过得去的饭菜，为什么扎小辫这么简单的事情反而做不到呢？显而易见，在王诗龄以往的成长中，在她的一些类似扎辫子、穿衣服等事情上王导肯定是不曾积极参与的。

也许名人都很忙，孩子的一切由保姆打理，自是情有可原。但现实生活中，很多的普通家庭，类似的情况只多不少。

我有一个很好的朋友，自从生了孩子，就辞了工作当起了全职妈妈，孩子的一切生活都由她来打理，而丈夫只负责赚钱养家，偶然也就是一家三口出去吃吃饭、到游乐场玩乐一番。于是，这位丈夫就觉得带孩子就是个很简单的活儿，孩子是自己长大的，大人的作用微乎其微。可是突然有一天，女儿就哭闹着要爸爸给他穿衣服，要爸爸陪她睡觉，要爸爸陪她玩游戏，因为她在幼儿园听到很多孩子都在说跟爸爸一起玩多有趣。朋友的丈夫自然得满足孩子的要求，可当他真的参与进来时，才发现一切不是那么简单的。

他无法说服蹦蹦跳跳的孩子乖乖地把腿伸进裤子里，废了九牛二虎之力好不容易帮他把裤子穿好，却发现前后反了；陪着孩子睡觉，可小家伙上蹿下跳把他蹂躏到没了一点脾气，睡觉前还要听故事，故事不能是妈妈的老一套，要新鲜的，期间还要打断说这个故事太没意思……

一天的陪同如同打了一场巨仗，筋疲力尽却并未让孩子得到满足和快感。换来的却是"还是跟妈妈玩比较好"这样的评价。

此时此刻，这位丈夫才发现孩子不是自己长大的，他的每一步成长都要凝结家长的心血。他也才惊醒，孩子从什么时候开始有了自己的主意，他到底错过了她多少的成长？为什么她是现在的样子，而不是自己期望的某个样子？

父亲高大的形象，话语的苍劲有力，他们身上所具备的力量，以及工作中的某种干劲，都会更多于母亲进入孩子的视野，父亲在孩子生命中的每一步参与都在一点点更加明确地塑造自己在孩子心里的印象。如果爸爸们错过了这个塑造的阶段，某天与孩子单独相处时，父亲所表现出来在很多事情上的手忙脚乱，会让他们在孩子心目中的高大形象立即崩塌，孩子将难以接受父亲现在的样子而万分失望。这种失望会无形中疏离孩子与父亲的关系。

母亲在孩子的生命里扮演着重要的角色，而与母亲性别思想完全相反的父亲，他们在孩子心目中的分量更是重之又重，如果妈妈培养的是孩子的细心，父亲则培养的是孩子对这个世界的真实认知，因为更多的时候，孩子会以父亲的视角去看待这个世界。

所以，每一位爸爸应及早地参与到孩子的成长中来，不光是在加深彼此心目中那种血浓于水的亲子关系，也在向孩子展示真实的爸爸到底是什么样子的。

第一章 爸爸，我们去哪儿

——爸爸指好路，孩子才会不迷路

1 什么样的孩子背后就有个什么样的老爸

认识一位全职带孩子的妈妈，性格温和，笑容可掬，可她的四个女儿个个脾气火爆，为人处世粗暴直接，原以为这位母亲私底下也是如此，孩子们才会受其连累，只是接触的时间久了才发现，孩子们所有的脾性竟直接来自于他们的父亲。虽然这位父亲参与孩子教育的时间不多，但他在孩子之间产生的影响力竟超乎寻常的巨大。孩子们说话的语气跟父亲一样，发脾气的方式相同，就连为人处世和花钱的方式都跟他如出一辙。

原本以为女孩儿会比男孩更容易受父亲影响，可是当我把目光看向身边其他的家庭时发现，不管是男孩女孩，父亲对他们生命的影响都要比母亲高出很多倍。此时此刻，我也才注意到，我那时常表现出各种性情、让我惊呼这到底像谁的三岁小儿，他竟也不知不觉中被他的父亲潜移默化了。

小儿对家里来的小亲戚说，“我不想跟你说话!”我在为他哪里学来这么不礼貌的话语追根溯源时，终于在与先生的某次视频通话中找到了答案。那天跟先生说起他的一个朋友，先生脱口说出了跟儿子语气一模一样的话——“我不想跟他说话!”

先将先生与他朋友的过节放置一边，问他是否跟儿子说过类似的话时，他思量片刻后竟笑着说有可能。

这件事无疑是对我这个妈妈的一次重创，因为工作原因，我跟先生多数时间相隔两地，孩子一直由我来带，应该说我的影响力是绝对超乎他的，可我平常“一再重复”“苦口婆心”的那些为人处世，礼貌待人之道对他竟是蜻蜓点水式的，而他父亲偶然的一次无心之语竟像一颗种子，播在他的心里，此后竟是难以拔除的。

当母亲的影响力急剧下降后，不甘心的我又跑去观察我一个女性朋友的孩子，于是，便有了以下的对话：

“这是阿姨送给你的玩具，喜欢吗?”

“很好，但我不能收!”

“为什么啊?”

“我爸说了不能随便接受别人送的东西!”

“可我不是别人，我是你爸妈的好朋友啊!”

“那也不可以，我爸说这是原则问题，不能看人就破例!”

“要不我们问问你妈妈，她说能接受就接受好吗?”

“不行的，我爸说了，男子汉大丈夫说话要算话，既然答应了爸爸就不能随便改变的。”

……

他也不过四五岁，这一套“爸爸说”的言论听得我冷汗直流。仔细看，他有着跟他父亲一样的笑容，一样的手势，一样的说话语气，而他言论中所透露出来的为人处世观更是直接“产自”他的父亲。朋友笑听自家小儿言之凿凿的同时，也颇为头大地说：“以往没他时，觉得自己就是家里的老大，可有了他，才发现自己原来无足轻重，你看我天天跟他相处，而他爸爸跟他相处的时间不过下班那一会儿，可他爸的影响力就是无可替代。我说儿子吃饭了，喊了十多遍他只用‘知道了’应付，他爸喊一句，跟兔子似的，一瞬间就蹦过来了。还有我老公抽烟、熬夜的臭毛病孩子也一并拿过来了，成天在人面前摆各种自认为超酷的抽烟姿势，晚上哄他入睡，他便以‘人生苦短，用功第一’‘别把太多时间浪费在睡觉上’等从他父亲那儿学来的言论来抵制睡觉。你说是不是生个女孩就会比较跟妈妈贴心啊?”

我摇摇头，因为现实是男孩女孩从他们父亲那里受到的影响要远远超过母亲。

如果说母亲对孩子的影响是直接的，而父亲则是潜移默化的，我们甚至可以把父亲的这种影响称之为溪水式的渗透，是影响到孩子骨头里头，内心深处，无论这种影响是好是坏，但凡产生，必将是终生的，再难洗刷根除。

看湖南卫视《爸爸我们去哪儿》第一季这档亲子节目，光看五个孩子的样子，算是各有特质，比如Kimi，温柔腼腆，言行举止不带任何粗暴式的内容，一看就是家教很好的孩子；森蝶田雨橙明亮的大眼睛本身就是一种优质基因的遗传，她身手敏捷，步履矫健，一看便知遗传了家人的某种运动基因；石头粗犷，很爷们，说话做事不拘细节；天天很懂事，很细心，还有点小敏感，对自己的家人非常信任，也很维护；王诗龄嘴巴很甜，但依赖性很强，身上有一种公主气息，她对小羊小鸡的热情中可以看出是个很有爱心的孩子。

虽然孩子们性格鲜明，但如果不请出他们的父亲，大家是难以说出他们到底是谁的孩子。只是五位父亲一出场，几乎所有人瞬间清明，并迅速而准确地将孩子跟他们的爸爸对号入座了。显而易见，他们在面貌特征上不但与他们的父亲有相同之处，说话的方式和细微的动作也暴露出他们到底是谁家的孩子。

母亲怀胎十月，与孩子骨肉相连，此后在漫长的成长过程中，母亲参与孩子成长的机会更多，可为什么父亲的影响会远远超过母亲，甚至在孩子成长的大方向上起决定作用呢？

其一，母亲在陪伴孩子的过程中，孩子对于母亲的了解会不断加深，等他们懂事后，对于母亲这一角色的好奇就会慢慢减淡，相反父亲的早出晚归以及陪伴孩子的那段时间里做出的某些行为动作，会积极调动起孩子的好奇心来，因为好奇他们会更愿意效仿父亲。

其二，父亲自身的特质对孩子的影响更大，父亲声音粗犷，个头高大，力量无穷，这样的形象会带给孩子很大的安全感。如果说孩子想要母亲抱，想要跟母亲睡觉，只是一种习惯，那么，孩子与父亲做这些事情时，则完全是一种安全感的需要。

其三，孩子与母亲长时间的相处中，因为习惯所以才做一些事情，而与父亲相处中，则存在着更多影响力的成分。比如父亲打电话时坐姿、拿电话的样子、说话的语气、用词，以及通电话时附加的某些动作，都会对孩子产生影响。这种现场上课式的演示，远远要超出母亲可能带来的影响。

作为一个完整的家庭，孩子对于爸爸妈妈这两个角色的需求是同等重要的，母亲什么样的，父亲什么样的，全都刻在孩子的眼里，母亲温柔善良，父亲伟岸有担当，这才是一个正常家庭的组合。一般来说，母亲在话语方面对孩子产生更多影响，而父亲的影响则是更深层的，比如与人相处的方式，人生观，价值观，金钱观，道德观，情感观等等，如果父亲在这方面不曾产生影响，孩子在这方面的建立就会产生缺口。如果父亲的影响力很糟糕，孩子的人生方向也就会受到影响。即便母亲试图从这些方面入手对其做出影响，产生的作用却是微乎其微的。这与父亲自身的特质有关，也跟孩子骨子里对父亲这一角色的需求有关。

如果父亲真的爱自己的孩子，就要试图改变自己一些糟糕的行为方式，将健康积极的人生观、价值观、财富观、情感观传递给孩子。不缺席，不敷衍，极度重视才是一位父亲称之为父亲的首要职责。还有，每一位父亲要明白，你的一句话，一个行为，一个动作兴许影响的就是你孩子的一生，改变的可能是 TA 的命运。做个不缺席的父亲，做个称职的父亲，做个可以给孩子正确方向的父亲，任重而道远。

需要强调的是，大多数父亲，在孩子出现问题时都会说是母亲的责任，是母亲没有教育好，实质上，当一个孩子出现各种让大人头疼的问题时，第一个反思的应该是父亲，是不是你的某些行为、某些观念影响了你的孩子，或者你根本没有尽到一个父亲应该尽到的责任，放任你的孩子产生各种劣行。

好爸爸行动指南针

在你的孩子刚刚降临到这个世界上时，爸爸第一件要做的事就是把父亲的身影、声音、表情装进孩子的世界里。每天下班要花最多的时间逗弄 TA，抱抱 TA，亲亲 TA，告诉 TA 你很爱 TA，给 TA 讲一些奇闻异事，抚触 TA 的肌肤，唱一首声情并茂的歌曲，自编舞步，在 TA 面前摇头晃脑、手舞足蹈。这是好爸爸加深孩子心目中印象的第一步。

2 孩子会以你的视角来看待这个世界

在看《爸爸去哪儿》第一季这档节目时，虽然五个宝贝都很活泼，成长很快，可让人遗憾的是，整个节目中我们鲜有看到他们自主发挥创造力的时刻。

尤其在即将收尾的一期节目中，孩子们到冰天雪地的东北，完成一些任务，想来厚实的雪是最容易让人产生想象力的，用雪做一些自己想做的东西，也是发挥孩子们想象力的绝佳时机，只是让人遗憾的是，每个孩子抽中的图签都是由大人来完成的，孩子们只有去找材料的任务，等他们回来时，眼见自家老爸已经做好了图片所显示的物品，所列实物告诉孩子：对，这就是马桶；对，这就是熊猫；对，这就是动画人物……但凡有父亲将这一实物做得不太靠谱，孩子们立即就要纠正了，“你做的这个根本就不像嘛！”不难看出，孩子之所以要说这样的话，显而易见这一物品的样子已经固化在了他们的脑海里，想要让他们发挥点想象色彩做一个超级无敌地球第一号的抽象派马桶那是不可能的。

想来，只有几岁丁点大的孩子，对这个世界的认识还很浅显，对很多东西的认识也不应该很深刻，可为什么他们的想象力会提早枯萎或者说难以发挥呢？

原因在于，很多的爸爸在跟孩子一起时，他们迫切地为孩子输入的信息是：你要让一切物品归位到正确的位置，台灯就是台灯，鞋子就是鞋子，马桶就是马桶，说错了那就是脑子有问题，是笨。如果孩子把超大号的塑料拖鞋说成一只船，把星星说成眼睛，对大人来就是一种困扰，尤其在别的父母面前，孩子的这一行为还会让他们觉得很丢脸，他们在心里大喊，“完蛋了，别人一定以为我们家孩子脑子有问题，连起码的物品都不认识。”

作为在成人世界已经徜徉很久的大人，我们的思维已经固化了，我们已经形成了看待这个世界的视角，也许我们看花儿就是红的艳的，看火车就是发着“哐当哐当”一成不变的声音，几个箱子连成一条线的长机器，看待天空就是时而浅蓝，时而灰蒙的物体。我们鲜有说天空像一面巨大无比的镜子，或者像一块浅蓝的布匹，想象着如何裁剪一块做一条长裙。我们把所有这样的想象归为不务正业，甚至当成诗人的矫情，有时我们甚至懒得去观察身边的物品具体是什么颜色或者形状。

但是，大人们却从不知道的是，孩子在初探这个世界时，他们并不知道天空就是天空，太阳就是太阳，云就是云，他们甚至无法将正确的颜色归位到正确的物品上。他们有自己的视角，也许他们觉得太阳是绿色更好看，天空下的不是雨，而是天空漏水了，他们想着是不是该补一补，这也无可厚非。可遗憾的是，大多数的父亲，在孩子用自己的视角打算与这个世界好好接触时，他们便义正词严地要纠正了，“孩子你是错的，天空下的就是雨，没什么漏不漏水的；太阳是一个火球，颜色自然是红色，只有色盲才会说太阳是绿色的。别想那些没用的！”

这样导致的结果是什么呢？向来在孩子心目中占绝对地位的父亲的话就这样根深蒂固在了孩子的脑海里，也许有些孩子的想象力很丰富，可在父亲反复的强调中，最终他们便没了自己的视角，“爸爸说是这样就应该是这样！”

孩子的想象力，就在父亲一点点的指正中，最终消磨殆尽了。孩子对这个世界的想象力没有了，创造力也就没有了，等到他们变成了大人，到这个社会工作，再做着一成不变的工作，更难以有创造上的建树。

很多的父亲不仅容易将孩子的创造力抹杀，还容易误导孩子用错误的视角看待这个世界。

有这样一个故事，说有个孩子看着墙壁对他的爸爸说，爸爸你看墙上有一头大象，父亲从报纸深处探出头来轻描淡写地看一眼后说道，“嗯嗯嗯，大象！”孩子以为父亲真的看到了，于是兴奋地继续说道，“不过，爸爸这头大象怎么没有眼睛呢？”爸爸又很不屑地说，“大概生下来就是那样的吧！”孩子当然不会善罢甘休，继续抛出问题，“为什么我们生下来会有眼睛，大象就没有了呢？”父亲一时不知道说什么好，想了想突然说道，“你哪来那么多问题，你要知道不是什么问题都能问的，也不是任何人都有时间给你回答问题的。而你的任务也不是问一些无聊的毫无意义的问题，比起在这里问这些问题，我看你去看看小人书，听听儿歌更有意义。”这位父亲说完，起身拿来一堆书放在了孩子面前。

自那以后，这孩子的问题确实少了，偶然问一两个也就作罢了，父亲自我得意，觉得自己的教养高明，殊不知，他那一番话给孩子种下的竟是这样的内容：问问题不是好小孩的表现；问问题别人会烦你；看小人书或听儿歌比问问题更重要……久而久之，这个孩子便把自己的好奇一点点咽下去了，到后来他的思考能力也一并慢慢减退，等他长大成人，即便脑海中有什么疑问，他也不会主动去询问别人，任由问题堆积得不到解决。

父亲对孩子的影响何其大！作为人父，一句不慎重的回答，一次不合格的教养，都有可能影响你孩子的一生。

其实，那位蒙头看报的父亲，如果能蹲到孩子身边，仔细地看看墙壁的话，外边树木的影子确实在墙壁上映出了一头大象的样子。如果父亲一时睿智，鼓励孩子为那头没有眼睛的大象画上一双孩子觉得好看的眼睛，再为这头大象画一双翅膀，让孩子展开想象，遨游世界，顺便编织各种旅游奇闻，岂不是一趟美妙的父子互动亲子课？波动了孩子的善良，带动了孩子的动手能力，开发了孩子的想象力，父与子的融洽在这一刻也达到了鼎盛。可是如此为人父者又有几个？大多数时候，成人只是忙在自己的世界里，虽然他们给了孩子生命，却难以给予他们最好的教育。

作为父亲应该明白的是，你在孩子的心目中举足轻重，当你有了自己的孩子时，先不要一味地用你自己看待这个世界的方式去教养你的孩子，在你企图与他相处时，蹲下来先问问你的孩子到底对某人某物怎么看待的，不要去批评他说的有多糟糕，也不要对孩子的天马行空产生不可理喻的想法，听他讲完，鼓励他，赞赏他，为他的与众不同鼓掌叫好。随时地与你的孩子疯一把，管他什么太阳是红色，云是白色，孩子把他的世界画得与这个现实世界完全不同时，你的笑要更深一些，你的鼓励要更多一些，你的赞美要更浓一些。

你用想象对待这个世界，你的孩子的想象力更好；你用善良对待这个世界，你孩子的善心更大；你用快乐对待这个世界，你的孩子更乐观；你用孩子的视角看这个世界，你的孩子将发展得更好。

放下成人的架子，把你的视角调整到适合你孩子的角度，作为父亲会发现，孩子的世界原来这么好玩！

好爸爸行动指南针

在你的孩子企图跟你交流或者玩耍时，不要忙于自己的事情而随便敷衍他。如果你的孩子是女孩子，她撒娇让爸爸梳头发时，爸爸一定要专心专注的来完成这件事，因为你对待任何事情的态度都会影响你孩子未来做事的态度；如果你的孩子是男孩，他可能更独立，这个时候爸爸要适时地引导他，让他知道一个人的力量是有限的，很多自己解决不了的问题，要懂得向周围人求助。

3

暖心爸爸的孩子心中充满阳光

在亲子节目《爸爸去哪儿》第一季中，很多人之所以会喜欢林志颖，除了他有一张帅气的脸和低调的生活作风，我想更重要的是他本人身上所具备的一种暖心特质。

不知道是不是天生娃娃脸的缘故，林爸爸无论身处何种场合，他脸上的表情始终是喜庆的、快乐的，这就像一个标签，让看者也不由得开心和温暖起来。当然难能可贵的是，他这副表情也影响了他的孩子，小Kimi虽然年纪不大，可他给人的感觉始终像他的爸爸一样，脸上带着浅浅的笑，一看就知道是个善良，内心万分纯洁的孩子。这样的孩子人见人爱！

几年前，我跟先生搬到一处环境还算清幽的住所，左邻是李先生家，右舍是张先生家。这两家生的都是男孩，一般大，每天总是结伴而行。虽然孩子们成长在同一个小区，只是相处了一段时间后我发现，两个孩子的性格是迥异不同的。

张先生的孩子张大宝沉默寡言，即便问他问题也是惜字如金，对于他不愿回答的问题问的次数多了，他脸上便会出现不耐烦和烦躁的情绪，一旦触碰了他不愿回答的问题，他便高声来一句，“我怎么知道，问我爸去！”然后再也不理别人。与张大宝相反，李先生的孩子李乐却人如其名，不管什么时候，他总是脸带微笑，见人很有礼貌，总是“爷爷好”“奶奶好”“叔叔好”“阿姨好”地与人招呼，问他问题也是很有耐心的样子，喜欢跟人聊天，即便对不是很熟悉的人，他也总能施与援手，看到大爷大妈拎着沉甸甸的菜，他便主动要求帮忙，并将对方送到家门口为止。

两个孩子，我跟先生更喜欢李乐，经常叫他来家里玩，慢慢地，我们两家也就成了较好的朋友。某日去李先生家做客，为他们家阳台上郁郁葱葱的绿植盆栽倾倒，先生和我正欲大夸李先生的太太有养花本领时，倒是他的太太先说话了：

"这都是乐乐和他爸爸养的，他爸爸一有闲暇就会带着乐乐去花市购买各种花种和盆栽，两人选择各自喜欢的盆栽回来，换盆换土，然后比赛看谁选择的植物长得更好更壮，乐乐原本不喜欢花花草草的，只是后来在这种比赛中尝到了甜头，于是就爱上了这一活动。"

我跟先生看到花盆上贴有"乐"字的都是乐乐选购的植物，大概是被两个大人做了格外的照顾，所以长得比乐爸栽种的盆栽要好得多。看来，两位大人都是铆足了劲儿在帮助自己的孩子怎么样爱上一项具有生命力的活动。

去乐乐房间，里面摆了不少自制的玩具，乐妈介绍这些都是乐爸跟乐乐一起做的，那些玩具看起来比玩具市场买来的要粗糙很多，但仔细拿来看，会发现它们都有着一种特色——不乖张，拿在手里有一种莫名的喜悦感，让人一目了然这是个脾气很好的人，带着欢快的情绪做出来的。

与乐爸打交道发现，他确实脾气很好，很有耐心，跟他聊天时，放学回来的李乐会发一下牢骚，说老师教得不好，却要把责任推给学生。乐爸听完，并没有立即随声附和跟孩子一起批评那位教师，也没有把自己的看法快速表达出来，而是询问李乐，如果他是那位老师会怎么做。李乐的回答是，提高自己的教学水平，然后把更好的知识传授给学生。乐爸又问，如果这位老师不思进取，那学生怎么办？放任自流吗？很快聪明的李乐就明白了爸爸的意思，说，爸，我明白你的意思了，既然老师不能教好，学生就要自己想方法进行自我提升。抱怨的情绪很快一扫而光，李乐进入自己的卧室，关起门努力地学习起来。

乐妈微笑着说，虽然我跟乐宝相处的时间比较长，但乐宝更喜欢听爸爸的，关键是乐爸也是不负众望，总能拿出最好的脾气跟孩子相处，他从不会把公司、他人那里受得委屈带给孩子，偶然会跟我抱怨一下，但在孩子面前，总是表现出一种积极乐观的态度，不随便批评人，也不随便批评孩子，总能拿出耐心跟孩子探讨很多琐碎的小问题。他总对孩子说，要笑，要让自己内心充满一种温暖的力量，喜欢笑的孩子，喜欢把很多事情往好处想的孩子运气自然不会太差。可能是基于这样的教育，乐乐很少有无理取闹的时候，即便有人将他惹怒了，他也会很好地调节自己，不会让怒火影响自己太久。

相比较李乐家，张先生的教养方式就要粗枝大叶得多，大宝的妈妈总喜欢趴在六楼的阳台，大声地喊大宝回家吃饭，如果她叫了两遍孩子都没有回去，她的语调便明显带着怒火，“五分钟不回来，今晚就别回来了，小心你爸揍扁你！”这话好似对大人来说没什么，可面对着一群玩伴，大宝的脸明显红了，嘴里骂骂咧咧，“死老太婆，就不回去，气死你！”

偶然早晨上班碰到大宝爸爸，也是一副急匆匆的样子，一边往身上套西服，一边大声呵斥大宝，“磨磨蹭蹭干什么，没见我快迟到了吗？干什么事都这德行，下次能不能在我之前出门啊，还要我等你，你时间多，我还要抓紧分秒养活你，你怎么就不为我考虑考虑！”就这样一路骂骂咧咧地跟孩子出门。大宝耷拉着脑袋，大清早的心情一落千丈。

常听人说，什么样的家庭培养出什么样的孩子，有其父必有其子。李乐和大宝的例子就很好地证明了这句话。很多的父亲，即便已为人父，却为所欲为地展现着自己原本的个性，鲜有为了自己的孩子收敛或改善一下自己骨子里遗留的不足和劣势。“我是你老子，我说了算！”便是大多数家庭的教养方式。还有一种观点是，“棍棒之下出孝子！”有了这样的“传统古训”，爸爸们更是一路效仿，“我儿子很怕我！”便成了很多父亲炫耀的资本。可殊不知，孩子还小时你能拿这“怕”拴得住他，一旦他们长大了，这“怕”便成了他们早早离你而去的最佳理由。

我身边不乏像李先生那样的爸爸，孩子犯错动辄批评；孩子被人欺负时责骂他怂；孩子有问题要问时，先自顾不暇地要做自己的事情，让孩子一边去；孩子有拖拉毛病时，不是想着如何改正，而是大骂特骂，还要搬出自己或别的小孩的例子，在对照中让自己的孩子没了任何优势。几乎90%的爸爸没有耐心为他的孩子做一些力所能及的事情，倒是时时搬出个人那一套理论，把自家孩子批得体无完肤。“骂教育”似乎成了大多数爸爸最喜欢用的教育方式。

可是，问题是，作为父亲你用什么样的方式教育你的孩子，你的孩子就会用什么样的方式对待这个世界。你骂他笨，他也会骂别人笨；你向他发脾气，他就会把发脾气当成解决问题的方式；你对这个世界、对周边的人事苦大仇深，你的孩子自不会阳光以待。显而易见，你待人接物的方式就是你孩子对人接物的方式。正因为如此，才会出现像李乐和大宝这样两个性格迥异的孩子。

在美国，能当总统的人，并非高智商或能力强的，而是情商出众的人。一个人的成功，1% 靠的是努力，99% 靠的是情商。如果一个人能力非凡，却不懂得如何为人处世，如此，即便一身本领也将无用武之地；如果一个人情商高，善于克制自己的脾性，内心始终温暖，用和善解决问题，那么即便这个人能力一般，也会得到贵人相助，最终获得不可估量的成就。

所以，父母们不要以为，让孩子上多少补习班，具备多少项特长，培养他多大的能力，就是对孩子最好的教养。事实上，让你的孩子生活在一个轻松愉快的氛围里，父母尤其是父亲应该拿出一种好脾性，好耐心，将孩子与大人的关系调整到平等的位置，用自己的智言妙语来影响孩子的为人处世之道，这点更为重要。

爸爸们要明白，暖心爸爸的孩子内心一定会充满阳光，他们解决问题，处理人际关系绝对不会消极以待，更不会养成自卑自负的脾性。他们会微笑着对待一切人一切事，即便面对困难，他们一定也会很好地调试自己，转被动为主动，主宰自己的脾性，而不是让自己的脾性主宰了自己。

好爸爸行动指南针

当孩子犯错误时，父亲要耐心与孩子沟通，问问他心里是怎么想的，为什么这么做；当孩子出现奇思妙想时，放下手边的工作，耐心倾听孩子的想法，加入孩子的世界……放下大人的成见，如同听朋友的心声一样，这样孩子才能真正走进你的心里。

4

你认为重要的东西孩子会去珍惜

我有一个很好的朋友，她有一个五岁大的小孩，孩子虽小，却是个很精明的人儿。某天去他们家做客，朋友为我准备茶水时，这孩子打开柜子，拿出价值不菲的陶瓷茶碗，对她的妈妈说道："用这个！"朋友笑笑问："为什么要用这个呢？"小女子甜甜一笑说："妈妈不是说这套茶具是你最喜欢的吗？静阿姨是妈妈最好的朋友，最喜欢的东西当然要招待最好的朋友啊！"一句话，让听者的我感动得热泪盈眶。

朋友见我连夸她女儿懂事，笑一笑进了卧室，不一会儿她拿出很多盒子出来，我打开一看，倒没有什么贵重的东西，只是一些小发卡、糖纸、简单插画之类的东西。朋友刚打开盒子，小女子便跑过来跟我说道，"这个小发卡是我最好的朋友送的，这些糖纸是我姑姑从国外带来包裹糖果的，这些插画是爸爸帮我画的。他们都是我最珍贵的东西，代表着友谊、稀有和汗水。"

在我似懂非懂之时，她的妈妈跟我解释说，原本女儿是个特别不懂得珍惜为何物的孩子，三岁那会儿，在她给报社写专栏时，孩子经常在她身边捣乱，即便她警告女儿现在干的工作有多重要，孩子如果关了电脑对妈妈来说会有多大的损失，女儿只是充耳不闻，并在她不注意时，眼明手快按下关机键。为这她不知道抓狂了多少次。

女儿四岁前的最爱是破坏家里所有的花草，即便女儿亲见妈妈每天给花浇水施肥，小心翼翼地养护，可在她一转身的功夫，女儿把花苞花叶全都揪了下来，在她批评她不珍惜妈妈的劳动成果时，女儿倒是振振有词："我不喜欢花花，妈妈也不准喜欢！"

朋友把屋子打扫得一尘不染，可汗水还没顾上擦一把，身后丢得乱七八糟的玩具已经将她的劳动成果糟蹋得满面狼藉。

朋友在女儿五岁前说得最多的话就是，妈妈很累，你要珍惜妈妈的劳动成果。可是这说了千百遍的话，对女儿来说似乎全是耳旁风。

我在纳闷，孩子怎么突然间就懂得珍惜东西了呢？朋友继续娓娓道来：

有一天，我女儿在她爸爸刚刚绘好的图纸上画上各种抽象派符号后，她爸爸突然号啕大哭，女儿被吓了一跳，然后一个劲儿问："爸爸你怎么了？"他的爸爸一边故意泪眼婆娑，一边说道："这张图纸是爸爸最珍视的东西，它代表了爸爸的汗水、劳动和期望，现在你弄坏了图纸，爸爸的汗水白流了，劳动没结成果实，期望得到的报酬也没有了，所以我才会这么伤心。"我老公说完，小心翼翼地把那图纸卷起来，用布包好后，放在了书架上，女儿疑惑地问："为什么要包起来？"我老公说："爸爸要把这图纸珍藏起来，因为这上面留下了女儿的杰作，爸爸会珍惜女儿所有的东西。"

随后，我老公又把孩子所有穿过小了的东西拿出来规整了一遍，并告诉女儿，他会珍藏女儿所有的东西，因为这代表着女儿的成长，以后会成为珍贵的回忆。之后，我老公回家，都会拿出一些东西小心翼翼地对待，是瓷器就一遍遍地擦拭，并将它们摆放在很高的位子，女儿询问原因时，我老公都会说，这都是爸爸最珍贵的东西，要好好珍惜。除了珍贵东西，老公又乘给我按摩的间隙对女儿说，"你跟你妈妈是我最珍惜的人，我会永远爱你们！"

其实这些事情我以前也做过的，只是在女儿那里似乎并没有留下多少影响，而我老公这么一强调，女儿竟很快明了何为"珍惜"了。为求加强，我们便跟她强调，哪些东西要珍惜，比如健康、友谊、亲情、劳动成果、别人赠送的东西等等。

当你宝贝似的对待那些你觉得应该珍惜的东西，并对你的孩子强调时，她也慢慢学着去珍惜了。只是，我发现在珍惜东西方面，爸爸的影响力要比妈妈强出很多很多。

朋友的话让我感慨颇深，在我们今天的这个社会，很多人，尤其年轻人从不懂得珍惜为何物，他们不懂得珍惜爱情、亲情、友情，不懂得珍惜得来不易的机会，不知道珍惜自己的青春年华，更不懂得珍惜自己的健康和身体。他们不知道何为道德，什么是修养，不懂得人生的价值所在，他们为所欲为随便对待着原本在别人眼里珍贵无比的东西。在他们眼里似乎任何东西都一文不值，没有什么东西能占据他们的内心，让他们视若生命。

为什么这些年轻的孩子会变得这样？并不是他们天生如此，而是父母并没有将一种正确的价值观传达给孩子。也许他们的父辈们知道什么东西应该被珍惜，哪些东西被自己当成宝贝，但他们只是让自己知道，并没有把自己珍视的程度呈现在自己孩子面前。因为从小没有受到这样的教养，加之父母总是无条件地满足孩子的很多要求，使得他们觉得很多东西得来容易，因为这“易”，孩子才会轻易地丢弃他们拥有的。

好的孩子其实都是教出来，也是父母影响出来的。父母自己都不珍惜的东西让孩子去珍惜谈何容易？一位父亲如果能有规律地作息，懂得营养餐的搭配，能多出去运动，能把很多得来不易的东西好好珍视，本身是个有修为、道德高尚、心存善念的人，孩子在潜移默化中也会学着珍惜自己的健康，懂得保护自己的身体，明白很多东西的得来不易。因为这珍贵，才不会轻言丢弃。

好爸爸行动指南针

告诉你的孩子要用自己的劳动去交换自己喜欢的东西，不要轻易地许诺或购买他索要的东西。当孩子不懂得珍惜粮食或玩具，随意糟蹋或破坏时，可以带着孩子去体验农民伯伯种植的不易或告知他各种东西制作的过程，让孩子明白一个最小的东西凝结了别人多少的心血……只有让孩子体验到了“来之不易”，TA 才会真正懂得珍惜。

5

你如何去爱孩子，孩子就会如何去爱别人

我们总在说，父母真的很伟大，总是把最无私的爱给了自己的孩子。可是我们在褒奖这一爱的时候，往往忽视了这爱可能是一种毒爱。

《爸爸去哪儿》这档亲自节目中，有一些比较感人的桥段。在田雨橙、天天和王诗龄去各家讨要一些蔬菜时，田雨橙一路照顾着妹妹王诗龄，不但帮她拎菜篮，还在王诗龄走不动时，让她原地休息，自己则独自跑去挨家挨户找菜。一路上她牵着王诗龄的手，一声声叫着妹妹，让她小心。其实她比王诗龄大不了几岁，可其所作所为俨然就是一个大人，懂事、乖巧、有爱心，让人看着又爱又疼。可能很多人看到这一幕，只会夸赞这孩子情商高，是个懂爱的孩子。殊不知，田雨橙的有爱心受之于田亮的影响。

仔细的看官可能有留意，在东北抢房子那期节目中，王爸爸为了让女儿住上大房子，率先丢下女儿和比赛工具，独自跑进房间将那套房子占为己有。田亮虽然也想抢到那套房子，但看到王爸爸跑远后，他不是奋起直追，而是拉着王诗龄坐的车胎，将她一路送到大房子里，而她的女儿田雨橙并没有为爸爸的失利垂头丧气，而是默默地帮助爸爸一起将妹妹带到大房子。

我们总在说孩子是教出来的，其实很多时候，父母的所作所为才会在孩子的心里根植成一种永恒，他们用他们锐利的眼光看着，用他们单纯的心默默地记着，父母无需多言，他们就永远的将父母的那套为人处世方式学过来了。田雨橙的懂事和爱人，即是父母的影响所致。

现在，我们的身边很多独生子女家庭。因为少，每一个孩子才会被家人当成宝贝疙瘩，父母总想把自己想到的最好的爱全部给孩子。一时

间，溺爱这个词便在我们周边弥漫开来。孩子穿衣吃饭父母全权代劳，孩子都七八岁了父母还背着 TA 上下学，孩子要什么买什么给什么，孩子无理取闹时，父母竭尽所能地加以安抚和讨好，孩子在外面或学校受到委屈时，父母不是理性地处理，而是袖子一挽，追到家长或教师面前，强势地来上一架或骂上一顿，并让自己的孩子在身边看着，老子是怎么暴力解决问题的。在孩子受到欺负时，家长先将孩子一顿狂批，骂 TA 怎么那么怂，接着便教 TA 下次怎么正中要害地打倒别人……

是的，我们确实很爱自己的孩子，不忍心 TA 受到一点点的伤害，可这样的爱，却导致了怎样的后果呢？孩子一辈子依赖父母，生活不能自理，出去闯闯怕这怕那，他们还以为暴力是解决问题的最好方式，从父母出面为 TA 武力解决问题开始，TA 便也学着用这样的方式捍卫自己，因为不想被认为怂，孩子开始研究怎么样成为一名货真价实的霸王。

我曾记得母亲给我讲过这样一个故事：

有个孩子偷了学生的铅笔，父亲回家不但没有责怪他，反而觉得孩子了不起，孩子后来偷了学校的桌椅变卖，父亲又竖着大拇指夸赞，称反正是公家的东西，不拿白不拿；孩子第一次与人打架，打断了对方的一根手指，父亲没有厉声呵斥，反而觉得儿子英雄，遗传了他的优质基因。孩子一天天在成长，他所有的作为不管正确与否都得到了父亲的全权支持。后来，他无心学习，早早辍学成了一个小混混，在他偷鸡摸狗、打架斗殴时，父亲依旧没有及时劝阻，只是让他小心点。再后来，孩子混进了黑社会，成了一名无恶不作的坏人。

在一次失手杀人后，他被送上了刑场。父母哭得死去活来，儿子在与父母做最后话别时，突然一口咬住了父亲的耳朵，并咬了下来。在进入囚车的那一刻，他冷冷地回头对哀嚎的父亲说道，“假如在我偷了第一根铅笔时你能及早阻止我，今天我就不可能在这里。你确实爱我，爱到让我做自己想做的一切。可恰恰就是你这种爱害得我走到了今天这个地步。我哪怕变成厉鬼也会恨你！”

父母怎么爱孩子，孩子就会怎么爱身边的人。如果父母，尤其父亲以爱的名义，纵容孩子做本不该做的事情，这样的爱不是爱，而是害。

在孩子的眼里，父亲就像一本最好的画册，孩子最想做的事情就是临摹这本画册中的一切内容。如果父亲爱的方式不对，孩子爱人的方式也就会出现问题。如果我们给孩子的是自私的爱，孩子给别人的必定也是自私；我们给孩子的是大公无私的爱，孩子给别人的也将无私。

如果我们真的爱自己的孩子，就应该传递正能量的爱给 TA。

关心你的孩子，多问问 TA 的学习，TA 的生活，TA 的感受，与孩子做平等的探讨和交流；就像对待一个成人一样，礼貌周到地对待你的孩子；“谢谢”“再见”“注意安全”“我相信你”“加油”等等礼貌用语和鼓舞性的话应该成为你们日常的普遍用语；在孩子遇到麻烦时，不是立即帮他解决，而是引导 TA，让 TA 找到最适合的解决方式；在孩子受到委屈，被人欺负时，先试着平息孩子的怒火，让 TA 理性的对待整件事情，然后你们一起寻找最佳的处理方式和未来应对办法；你所要给孩子传递的是，要站在别人的角度去思考问题，试着理解别人，同情别人，关心别人……

曾有名人说过，一个人的快乐建立在他曾做了多少好事。当你的孩子心中充满正确的爱，懂得爱别人时，TA 也将变成世界上最幸福的孩子。

好爸爸行动指南针

爸爸以身作则给孩子养成一个良好的生活和学习习惯，培养孩子的自理能力，然后要给孩子一些自由的空间，生活中用交流的方式探讨生活、学习的方向和目的，和孩子谈论关于表达爱的方式：比如，对伤心的朋友说安慰的话；帮助需要帮助的人或者帮助某人做他做不到的事情；对待朋友的缺点要懂得宽容……引导和启发孩子自己去做出正确的选择。

6 孩子会无意识地学习你的品格

有一次，我带着儿子去游乐场，在玩蹦床时，有个四岁多的孩子，迎面冲过来，把一个两岁大的小女孩推翻在地，小姑娘因撞击不轻哇哇大哭，孩子的奶奶一边安抚小女孩，一边回头寻找“肇事者”身影，发现他躲在自己爸爸怀里，而那位爸爸则一脸得意地盯看着小女孩这边的事态。

“什么人啊，小小年纪就这幅德行！”老奶奶低声责骂一句，没想到这话还是被那对父子听到了，那父亲竟咬牙切齿地说道，“老东西，说什么呢？”一句话竟将尊老爱幼抛之脑后，老奶奶看惹不起，抱着孙女去了别的地方。

半个多小时后，儿子躺在我怀里喝水时，突然听到一声巨响，随即传来哇哇大哭声。定睛一看，从爬梯摔下来的不就是推到小女孩的那个小男生吗？在我还没有弄清楚他是怎么掉下来时，突然便见这孩子的父亲冲过来，将一个蹲在梯子上端的孩子一把推搡了下来，嘴里骂骂咧咧，“你也尝试下疼不疼！”一时间，一位家长又冲过来，便与这位父亲厮打起来，很多家长只能抱着自家孩子纷纷逃离，两个孩子看着家长们的这一举动，吓得大气都不敢出。

最后因为游乐场保安的出面，事态才算缓解。两位家长都挂了彩，领着自家孩子气哄哄走了，那位一出场就很暴力的父亲从我们身边经过时，嘴里骂着脏话，说道：

“瞧你刚才那怂样，人家推倒你时，你就知道哭啊，干吗不爬起来把他反推下去，还让老子给你出面，你丢不丢人。如果下次再遇到这种坏东西，往死里踩，往死里打，反正你这个年龄不会有什么事，知道没？”

孩子泪眼婆娑地点点头，这位父亲拿出纸巾替他抹完鼻涕，随手将垃圾丢在地上扬长而去。

我无法得知这位父亲是没有一点文化，还是骨子里就是这样一幅德性。让人后怕的是，假如他一直用这样的方式教育孩子，这个社会只会多一个人渣，不可能出一个人才。

对于一个人来说，品德是至关重要的，一个无品无德的人跟动物又有何区别呢？一个人品性不端，满心都是坏心眼，做人的质量差到极致，这样的人无人可尊无人可敬，甚至可能在更强势者那里吃大亏。如果一个父亲品质差，不懂得谦让和仁爱，动不动给孩子演示和教育的内容是怎么以人渣的手段处理事情，那这个孩子在潜移默化中慢慢也就成了一个人渣。

我们常说，做人要有智者的智，才者的才，德高望重者的德，善者的善，此四样才能帮我们拓宽人生路，才能让我们攀越高峰，到达一般人企及不了的地方。即便我们要做一个普普通通的人，修德也是人生必做的功课，德不在人生几乎也就成了一张废纸。

但是，有多少家长真正明白品格对孩子的重要性呢？正如我们上一节讲的，很多的家长溺爱着孩子，他们从未认真思考过，什么样的爱才能促成自己孩子正确地成长。即便有时也明白爱是有选择的，只是在很多场合护犊心切的他们往往忘记了如何正确取舍自己的态度，无意识地让自己的孩子看到自己最差的一面，并默默全盘接收。

我想对于一个质量还算过关的成人来说，尊老爱幼是最起码的德，爱护环境，不乱扔垃圾，不随地吐痰，不用污言秽语污染公众耳朵是最起码的德；多读书，多学习，与有才有德者交往，不与思想下流者交集是最起码的德；能明辨是非，懂得控制自己的脾性，能对自己的错误有所认识，能真挚地说声“对不起”这是最起码的德；修身养性，做个不急不躁，有容忍心、包容心、善心的人，这是最起码的德。用这样的“德”影响你的孩子，教育你的孩子，打造你的孩子，对孩子的成长才是真正有益的。

只是让人遗憾的是，很多很多的父母，说与做完全是两样的，我们确实在很多时候，应该是很有修养的人，只是在涉及自己的孩子时，往往无法理性。我们的品格在孩子受欺受辱的那一刻便会散落一地，我们就像一头被激怒的野兽，爆出最粗俗的词语，做出让人目瞪口呆的举止，当一切结束时，我们发现自己维护了几十年的修为，竟为一件孩子间的小事消失破碎了，而孩子把这糟糕行为却看成人生必须的内容。想来多么的得不偿失。

孩子的成长其实也是在促成家长的第二次成长。不管以前我们是高品格的人，还是素质低下的人，在有了孩子后，父母就得重新定位自己，尤其是父亲，更要将自己修炼成一个合格的父亲。看《爸爸去哪儿》节目，很多爸爸应该学习的就是林志颖身上的一些东西。微笑、耐心、好脾气和给孩子正确的帮助是自我修炼和影响孩子品格的四件套。

一个动辄黑面示人的父亲，也会把这样的面容镶进自己孩子的脸上；如果父亲对待孩子没有耐心，孩子自不会耐心地对待自己身边的人和事，一个急急躁躁，毛毛糙糙的人，品格自不会高远；如果父亲动辄发脾气，控制不住自己的情绪，劈头盖脸就要责骂鞭打孩子，孩子自会学着用急躁的性格为人处世；如果孩子在遇到麻烦或者做了错事时，父母无法考虑周全地给予孩子正确的帮助，错误的指导必将耽误孩子一生。

所以，学学林志颖吧，在孩子打碎鸡蛋时，不是骂他毛毛躁躁或者赶紧帮忙清理现场，而是告诉孩子怎么处理这件事，让他拿着纸巾自己擦干净；当孩子哭闹着不去寻找道具时，不是责骂他胆小或者以“我不喜欢你了”“你真怂”这样的词羞辱孩子或者对他的胆小耐心尽失，而是默默等着他平息，并慢慢说服他去完成他应该完成的任务。

孩子的教育是一个长期的工程，不是一朝一夕就能让他成才的，父母的耐心、爱心、微笑，以及父母自身具备的品质才是孩子塑造高品格的关键。

好爸爸行动指南针

要想孩子拥有良好的品格，爸爸就要用自己的一言一行对孩子进行潜移默化地影响，比如孩子画画不专一，你就要对他说“做事要踏实，专心致志做好一件事”；孩子搭积木时，告诉孩子，做事要一步步来，小心谨慎，不要急于求成；孩子以大欺小，你要告诉他与人相处，友善友好才是关键……你要懂得用生活中点点滴滴的小事，把良好的品格根植进孩子的心中。

7 你的交友喜好影响孩子的择友标准

有个朋友向我抱怨，说自家老公爱打麻将，每逢周末必定找来三朋四友摆上一桌，一时间将整个家弄得乌烟瘴气，这倒还好说，关键是打麻将影响了自己未满周岁的女儿，孩子每每听到麻将牌碰撞的声音就特别兴奋，有谁喊"我胡了！"她就会高兴地咯咯笑起来。朋友真担心孩子以后长大，把这麻将牌当做兴趣爱好，从麻将室里拉都拉不出来。

大概很多家长会觉得我这位朋友的担忧小题大做，可事实是，父母的所作所为不但影响孩子的一生，就连父母的择友标准也一并影响着孩子的择友取向。

如果父母选择的都是会做生意，会谈买卖的人做朋友，孩子在长期的接触中，也会受此熏陶找寻能有类似话题的孩子做朋友。

如果父母接触的是文人、诗人或作家一类的做朋友，在听取大人交谈内容后，孩子会对大人感兴趣的这类话题产生较深的印象，并在潜移默化中爱好取向向文学、小说、诗歌等内容偏进。

如果父母接触的都是搞音乐的朋友，孩子在这方面的见识自会越积越多，即便他天生是个沉默寡言的人，但谈及音乐这样的话题，他必定有发言权，久而久之，他可能也会变成一个音乐狂热分子，并结交类似爱好的朋友，共同为喜欢的事情努力。

当然，如果父母结交的都是些俗气的人，谈话满口脏字，把抽烟喝酒当爱好，动辄抱怨社会，抱怨工作单位，抱怨领导上司，潜移默化中孩子对待这个世界的态度就会跟这些大人一样，为求共鸣，他结交的大概也就是这样一群总是喜欢抱怨的朋友。

几年前，我在一所学校做临时教员时，班里有个非常自卑的孩子，其实论学习他中等偏上，论长相也算是精致的，可他对自己一点自信都没有，课堂上但凡有提问，他都把头埋得低低的，即便站起来回答问题，也是压低了声音，不仔细听都听不懂他在说什么。当然，跟他一起玩的朋友自然不是班里的尖子生，更不是那些胆大霸气的同学，而是跟他一样被自卑和害羞所困的孩子。我很好奇，让他如此自卑的理由是什么，在一次家访中，我终于找到了答案。

孩子的父母都是外乡客，在本地收破烂为生，他们的朋友也都是穷苦人家，大家在一起讨论最多的就是日子怎么难过，挣钱有多不易，本地人有多瞧不起外乡人，言语中隐隐都透出生活的不易和人生的卑微。孩子受大人影响，以为自己真就低人一等，加上自家日子不好过，跟班里那些条件好的没法比，穿着用品也都不及他人，于是就认定自己什么都不如人，父母的自卑感无意识的就这样传染给了自己的孩子。

在西方有一本很出名的书，书中重点讲了这样的内容，如果你是一个穷人就跟富人做朋友，这样你可以从富人那里学到赚钱经；如果你是一个自卑的人就跟自信的人做朋友，他会把你从灰暗的人生色调中拉出来；如果你是一个脾气暴虐的人，就跟性情温和的人打交道，他会以柔克刚，改变你的脾性；如果你是一个喜欢抱怨，消极被动的人，就跟那些积极乐观，不会被一点挫折打到的人做朋友，他们会传递这种情绪给你，让你的生活充满阳光……

其实，把这段话送给每一位孩子的父亲再好不过。我们不管曾经结交过什么样的朋友，但在你孩子出生后，我们就要慎重地去选择身边的友人，如果我们自卑就选自信的人，我们消极就选乐观的人，我们刚硬就选性情能够柔和的，我们不富有就选稍有成就的人……也许朋友需要志同道合，但只要拿出真心真诚以待，很多人性格相悖的人都能成为很好的朋友。而我们这样做的最终目的，就是让你的孩子知道，他该选择什么样的人，什么样的人才能影响更好地影响他的人生。

另外，如果你的孩子是女孩，父亲用自己的朋友来影响孩子的择友标准的同时，也要教会自己的女儿什么样的人才是值得她托付终身的。很多父母抱怨，孩子不听自己的，选择男朋友为所欲为，凭着感觉走，吃了亏只知道哭哭啼啼。殊不知，孩子之所以选错人，关键是父母从一开始就未能教会她什么样的人才值得依靠。

我曾在一项调查报告中看到这样的阐述，如果女孩的父亲是一个会体贴妻子，照顾家小，有担当，有责任心，且脾气好，懂得宽容和善待他人的人，女儿在潜移默化中就会把这样的男士形象作为自己的择偶标准，假如以后他遇到的男生不及父亲的一半，失望感会让她选择离开对方。另外，如果父亲的朋友，是事业有成，会赚钱，会养家，自信、乐观开朗的人，孩子也会在长期的影像中，将这样的男人作为择偶标准，一旦他们选择的对象与心目中期望的异性相差甚远，她们就会果断离开，直至遇到类似父亲或父亲朋友那样的男人为止。

当然，如果父亲的形象在家里比较模糊，母亲比较强势，或者父亲本就软弱，做事唯唯诺诺，拖拖拉拉，女儿以后选择的对象也可能像父亲一样，即便对方不是这种类型，女儿也会受到家庭影响，从而像母亲一样强势，并在不自觉中将另一半的脾性打磨到像自己的父亲一样，如果对方不服从，最终的结果可能就是离异或婚姻不幸。

可见，如何扮演好父亲这个角色任重而道远，如何给孩子示范一个正确的择友标准，如何让自己的女儿未来选择正确的夫婿，这都是父亲们长期要做的功课。

另外，父亲对待朋友的方式也影响着孩子，一旦结交了朋友，就要拿出真心和诚意，让孩子看到朋友之间应该做出怎样的帮助和照顾。不说朋友坏话，把朋友的事当成自己的事，在朋友有难时积极伸出援手，不计较得失，善待他人。孩子把父亲的处友方式全都看在眼里，你不去教，只需正确地做，孩子也会如此对待 TA 的朋友们。

好爸爸行动指南针

平时自己多结交一些品行端正、善良正直、学识渊博的人做朋友，并把自己的朋友介绍给孩子，让孩子知道你都是与什么样的人交往，这样无形当中给孩子一个择友标准。帮助孩子对朋友进行甄别，要鼓励孩子与那些有着优良品格的小朋友交朋友，告诉孩子对待朋友的方式和方法，比如真诚、互助、宽容等，让孩子的人生因为朋友而变得更加精彩。

8

你的为人处世方式会被孩子效仿

有这样一个故事，说有个父亲将孩子放到一截矮墙上，让他往下跳。不过在孩子准备跳时，父亲给他讲了一个故事：

有个父亲让自己的孩子从高往下跳，说会接住他，但是孩子跳下来时，这位父亲却躲到了一边，摔疼的孩子哇哇大哭，质问父亲为什么不讲信用，这位父亲马上说道，我这样做就是为了给你上一课，连自己的父亲都靠不住，更何况别人。

父亲讲完故事，让孩子从矮墙往下跳，并答应会接住他。但是基于父亲上面讲的故事，孩子犹豫了，他怕自己的父亲也想故事中的父亲一样靠不住。但是，最终他一咬牙跳了下来，没想到迎接他的不是冰冷的地板，而是父亲温暖的怀抱，父亲微笑着说道，我也想给你上一课，“连一些陌生人都可以相信的，更何况是自己的父亲！”

同样的方式，两个孩子却都到了不同的体验，那个跳下来却没有被父亲接住的孩子，他以后的人生中，多了的是对别人的“欺骗”，少了的则是对他人的“信任”；而那个被父亲接住的孩子，他得到的则是“相信他人，即便是陌生人！”是的，这个世界上真的没有那么多尔虞我诈的事情，拿出自己的诚信，再做一些防范就够了，没必要一定要怀疑别人，甚至以欺诈为人处世。作为孩子的良师益友父亲实在不应该将“连自己的亲人都不能相信”这样的处世方式交给自己的孩子。

其实，作为父亲除了教你的孩子如何警觉地对待这个世界，还有更多宝贵的东西是值得着重去教的。比如做人，应该诚实、守信；能心口合一、宽容大量；能善念滋生、同情弱小；能善于自我检讨、抛开执念、听取众人的声音；能为敌手鼓掌，能减免嫉妒心，能克己能忍让；

能有自己的梦想和追逐目标，能攀越高峰，到达梦想的顶端；能争取，能舍得，能收能放……这些做人内容才是父亲们更要教给孩子的。至于做事，需要的是持之以恒的心和不怕挫折的勇气；懂得众人拾柴火焰高的意义；善于思考，乐于请教，不闭门造车，不自我膨胀；凡是要尽力而为，甚至要竭尽所能；只要努力了就不要太计较得失……这些做事的内容也是父亲们应该让孩子明白的。

当然，父亲不是言论主义者，更不是说与做不相符的人，而是很多事情，父亲要先做到，才能要求孩子做到。我们身边不乏这样的父母，总是严格要求自己的孩子，让他不要养成邋遢的毛病，不要熬夜，不要进网吧上网聊 QQ，可父亲自己呢？一边教训着孩子，一边先带头邋里邋遢，熬夜是家常便饭，吃饭看电视都不忘拿着手机聊 QQ，看微信。孩子小小的年纪也许不会反驳父亲什么，可他的心里早已有了这样的声音，你都做不到凭什么要求我做到。于是反叛的因子便在父亲的强求与自我做不到中滋肆意暗长，有一天孩子言辞反驳时，父亲们还后知后觉地骂："你小子翅膀硬了，敢对老子吼了。"这个时候，所谓孩子的叛逆其实都是父之过啊！

有一位父亲，脾气暴躁，动不动就对孩子拳脚相加，孩子学习不好，就骂他没出息，脑袋里灌得都是糨糊。他总喜欢给自己的孩子和外人起外号，见儿子黑就叫他小黑蛋。带儿子外出，与人有一点摩擦，他立马变得脸红脖子粗，伸出手就要揍对方。他在很多事情上自称有经验，在孩子长大一些企图做点自己认为正确的事情时，他就会泼冷水，"你过过几个新年，吃过几颗大豆，老子这一辈子什么事没经历过，还不及你有看法，我说这事不能做就不能做！"一时间便例数出 N 多不能做的理由来，孩子经他这么一说，也觉得不妥，只好放弃。

等到这个孩子二十多岁时，他找不到工作，谈不成女朋友，说话也是唯唯诺诺，唯一的爱好似乎就是给不同的人起外号。这位父亲见孩子这个样子，又是怒火中烧，大骂孩子没出息，大学白上了，是个没本事的窝囊废。最终，儿子是忍无可忍，眼含泪水大声说道，我这么窝囊还不是你一手栽培的，在我曾经有决心有胆量做一些事情时，你总是泼冷水，在你的一口一个"这也不能做那也不能做"中，我磨光了自己所有的自信，现在你又骂我没本事，你这么有本事，这辈子还不是守着两间破房，一事无成地过来了，凭什么要我有出息啊！孩子说完甩门而去，留下目瞪口呆的父亲久久回不过神来。

这其实不是鲜例，我们生活中就不乏这样的父亲，处处给孩子传递的是负面能量，没有鼓励，没有支持，没有赞扬，孩子做得稍有不好，就要大骂孩子没出息，没本事，没智慧，而他自己，其实为人处世一团糟糕，父亲不懂得反思自己的不足，却处处要求孩子完美，这只会造成孩子的逆反心理。

有位父亲曾说过这样一段话，如果我事业有成，我可以要求孩子有成；我如果诚实守信，我可以要求孩子如此；如果我有决心，意志坚强，不怕挫折打击，我可以要求孩子如此；如果我敢于担当，有责任心，我可以要求孩子这样；如果我善于取舍，坚持选择，懂得放下，我可以要求孩子这样；如果我是一个好丈夫好爸爸，我也可以要求孩子这样，但如果以上我都做不到，那我能要求孩子做到吗？不能，我只能要求他快乐生活，善良做人了！

父亲们要知道，你不能做教父，而要做实践者。你怎么做的，就怎么要求你的孩子，至于你做不到的，就不要强求你的孩子。因为他只以你能做到的为标准。

好爸爸行动指南针

当你给孩子提出要求时，首先你自己必须得做到，例如，你要孩子对人真诚，你得先诚实待人；你要孩子考好成绩，在工作上你得先拿出好成绩给孩子看；你想要孩子不为自己的过失找借口，平时你就要勇于承认错误……不要对孩子提你自己都做不到的要求。

第二章 性格决定命运

——好脾性爸爸来训导

1

人之初，性本善 Or 人之初，如玉璞

今日重温《爸爸去哪儿》这档节目，其中让几个孩子保护鸡蛋那篇让人感触良深。在鸡蛋被人为破坏致碎后，Kimi、田雨橙、王诗龄、石头都表现得情绪激动，尤其田雨橙和王诗龄哭得极其伤心，以号啕大哭来告知大人原本可以孵出的小鸡就这么成为了一个无法如愿的残酷现实。

坐在一旁的先生说，你瞧，孩子的本性就是这么善良，换做大人，鸡蛋碎了就碎了，即便是碎了的鸡蛋中已经有了小鸡的影子，也未必会哭泣到这个程度，毕竟此鸡蛋碎了还可以拿彼鸡蛋继续孵嘛。我自是难以认同先生的话，其实作为孩子，他们的本性原本是没有善恶之分的，就比如这碎了的鸡蛋，他们哭也许并不是觉得一只小鸡就这样被无情杀死才心生难过，而很可能是因无法亲眼目睹小鸡孵出才会伤心。

对于一个小小的孩子来说，他们的性格中原本没有好与坏之分的，之所以很多的孩子长大形成不同的个性，原因是受其接触的人及周围环境的影响。孩子，天生就是一块璞玉，TA 需要让身边的人，尤其是父母告知 TA 什么是善、什么是恶，他们会有什么样的性格，完全取决于父母的教养。

节目中，天天的那个“张小马”鸡蛋被田亮“不小心”打碎后，天天为了不让爸爸失望谎称碎掉的不是自己的“张小马”，而是村长的鸡蛋。假如此时爸爸张亮不去戳穿这个谎言，天天大概就会以为这个谎言是皆大欢喜的最好办法，以后遇到类似的情况，大概他依然可能会撒谎。但是，爸爸张亮并没有给他发展这种性格的机会，而是当面戳穿，说“张小马”上面有斑点，可现在完好的这个鸡蛋并没有斑点。天天立

即低头认错，愿意接受惩罚。

孩子就是一棵树，在他成长的过程中，外界的各种影响就像来自四面八方的风，可能会将他带入不同的领地，而父母就是维护其正直成长的掰手，在孩子内心产生不良性格时，能及时地掰正回来。这就是打磨，打磨一块普通的石头，将其变成一颗真正意义上的宝石。

表哥的孩子今年五岁，是个极其懂事乖巧的孩子，每天从幼儿园放学，他会很认真地完成教师布置的作业，把自己的书本放置得整整齐齐，看完的课外书也会很仔细地放置到书架上，晚上睡觉脱下来的衣服袜子都会叠放好摆在床边的椅子上。第二天起来，刷牙洗脸都是自己搞定，吃早餐也是一门心思，鲜有东张西望或心不在焉的样子。每天为自己定的时间是七点四十出门，从未有过延迟或推后的情况。

显而易见，小小年纪的他有着极其规律的生活，鲜有邋遢或依赖家人的个性。

其实，这孩子并非天生如此，在他出生八个月后，表哥和表嫂因为工作忙，就将他丢给了乡下的爷爷奶奶。爷爷是个粗人，没什么文化，虽对孙子很好，可跟他交流的方式极其粗鲁，不准他做这个做那个，稍有犯错，就要骂出难听的脏话来。等到孩子三岁需要上幼儿园时，表哥将他接回城里时，吓了一跳，小孩满口脏话，不听表哥管教，对他稍有严厉，不管手里拿的筷子还是其他东西，他就要举起来打人了。而且自打他回来，家里再无整洁的时候，他会把各种玩具一股脑倒出来，然后这个地方扔一点，那个地方丢一点，永远是不弄到满面狼藉决不罢休，课外书全都被他当废纸撕的撕扯的扯。他会把尿，尿到盆栽中，家人发现责备时，他振振有词，“爷爷说尿尿就是肥料，有益花草的成长”。实属顽童，让表哥表嫂头疼至极。

表嫂一开始还温言细语，企图用好话将孩子不好的性格改正，可毫无用处。后来，换做表哥上阵，他先是自己带头把各种东西规整好，当孩子把玩具丢得到处都是时，他并没有立即责骂，追着他赶紧清理，而是给孩子讲了一个关于小熊不整理玩具，玩具不再跟它玩的故事，然后再跟孩子一起动手把玩具规整到玩具架上，并强调说，“明天玩具们又会很高兴地跟你一起玩了，现在他们累了，要回到家，跟妈妈一起睡觉觉！”这样的循序诱导很快起了作用，久而久之孩子不再乱丢玩具，每次都在固定的毯子上玩，玩完了就会收起来。对于课外读物，表哥也做了分类，父母讲述一类，孩子自己看一类，还有跟小朋友们一起看的一类，然后归属到各自的书架上。自此以后，孩子再也不撕书，也不乱丢了，反而是在表嫂不小心放错位置后，他会自己操心摆到属于各自的架子上。对于他爱说脏话，打人的毛病，表哥以每天说的次数不能超过两次，一旦超过就要惩罚他一个人睡觉的方式，慢慢帮其改正。孩子见爸妈的惩罚毫不留情，不讲情面，以后说话便自觉注意，慢慢就不再说了。

此外，表哥表嫂自己以身作则，生活规律，没有坏习惯，每日作息极其健康，一有时间就带着孩子出去做各种踢球、骑自行车等健康活动，而今两年时间过去，我们所见的便是跟过去判若两人的优质小孩。

孩子，你将他放置在一个什么样的环境，他就会变成什么样子。一个孩子放置在狼群，它就变成了狼；一个孩子放置在贼窝，他可能就变成了一个贼；一个孩子放置在一个力求上进、凡事要求严格的环境，他也就成了一个严格律己的人。不要以为孩子的性格天注定，其实后天的培养和打磨才是最重要的。

好爸爸行动指南针

要给孩子创造一个健康的成长环境，首先是外部环境，比如室内整洁，东西放置有条理。整洁有条理的环境会给人以美感，会使孩子感到心情愉快，同时还有利于他们从小养成文明的举止和良好的习惯。其次，家庭氛围最为重要，你要营造温馨、和谐的家庭气氛，比如，对孩子尊重、信任，尽量不板面孔，不随意呵斥、打骂等，以平等的、民主的、朋友式的态度与孩子相处，建立起新型的民主的家庭关系。

2

孩子的胸襟从你的豁达开始

我在一家育儿机构做教育工作时，一天，有位爸爸忧心忡忡地找到我。

“我说我脾气不好，我这孩子脾气比我还大，才上幼儿园不到一学期就把班里的小伙伴儿凑了个遍。家长们向老师告状，老师又向我抱怨，说孩子独立为王，玩具都是他的不让其他小朋友碰，老师一说他他就要吹鼻子瞪眼，撕课本，丢垃圾，踢身边的小朋友，对他稍施以刑惩，他就要满地打滚，弄得整节课都没法上。我看老师们大有联名让学校对他除名的可能，这可如何是好？你说韩老师，我该怎么教育他才能将他掰正到一个好脾气的轨道，真是愁死我们夫妻了。”这位爸爸愁眉不展地向我讲述了他四岁儿子的种种劣迹。

我想是不是他们夫妻太忙，孩子缺乏关爱才会如此。正欲问他时，这位爸爸接了一个电话，尽管他是去楼道接听的，可我依然对他语气中的愤怒和不耐烦听得清清楚楚，他以各种难听甚至侮辱性的话责备着电话那头的人，自称“老子”，称对方为“饭桶”。

等他接完电话回来时，我对他说道，“你平常也是毫无顾忌地在家这样讲电话吗？”

他一怔，随即哈哈大笑着说，“商场如战场，烦心事太多，员工又不给力，这不发火他们就不知道事情的轻重。”

此时，我完全明白，孩子的症结不在其他，仅仅在于这位父亲。

“你回去观察一下你的孩子，如果他跟小朋友在一起说话的方式，做事的风格跟你类似时，我建议你讲电话或训斥下属，抑或向你的妻子抱怨公司事宜时，最好避开你的孩子，成人有成人处理问题的方式，可单纯的孩子偏偏又很容易模仿大人，尤其是自己的父亲。如果可以，请尽量用温和友好的态度跟你的孩子相处，不要对他没耐心，不要动不动就对他发火，对于他的小瑕疵给予包容和理解，你的豁达才能成就你孩子博大的胸襟，而不是难以相处。”

我们常说，有其父必有其子、其女，父亲宽容待人，心胸宽广，凡事都有耐心，孩子必定会积极效仿，父亲本人小肚鸡肠，凡事喜斤斤计较，动辄用责骂和发火解决问题，孩子学会的也必定是父亲这套。

一人身处这个社会，最关键的是胸襟，胸襟不宽，难以容人，别人自也难容他。从幼稚园开始，直至走进社会工作，我们每一个人的人生便是与人相处的人生。与人相处得好，念人之功，谅人之短，扬人之长，取得他人的信任和友爱，如此，以后遇事必有人帮衬，没有太多的绊脚石，路走得顺，人生过得也就好；与人相处得不好，别人到处为你设障，干什么都不顺心，整日是糟心事，人生过得自然不好。

豁达还与人的健康与长寿有着直接的关系，有专家对我国 80 多岁以上的健康老人做调查，发现这些长寿且健康的老人都有一个共同点，就是精神开朗，心怀坦荡，豁达安身，对生活充满信心，对误解包涵宽容。

所以，父母在培养孩子特长爱好前，以身作则，培养和引导好孩子的性格，让他有一个宽容待人的胸襟，乐观对待一切挫折，洒脱地面对得失，能屈能伸，知进知退，不计较一城一池的得失，即使到了山穷水尽处，仍能眺见柳暗花明，这比什么都重要。

几年前，我所在的育儿机构，一位年轻的教师带着孩子出去参观博物馆时，因为一时疏忽忘记等待上洗手间的一名小女孩。等她想起赶紧去找时，发现小女孩站在洗手间门口，因为害怕哭得伤心欲绝。即便这位教师极力安慰，告知她没事了，可小女孩依然哭得难以自持。直至她的爸爸来，她才平静下来。这位爸爸并没有黑脸责怪这位教师的大意，反而温和的蹲下来，对孩子说道，“这位姐姐因为自己的疏忽非常自责，看着你受到惊吓，她比你还难过，你原谅她，并亲亲她好吗？”小女孩抹去眼泪，照办了。

当教员把这件事告诉我后，我真心为这位父亲的豁达感到欣慰，这个世界上没有完美的人，能学着宽人、容人、原谅人，懂得换位思考，是开阔孩子心胸的关键。有如此父亲，他的女儿必定会受到良好的教养，以后势必对人友善，生活态度乐观，且能宽人宽己。

父母是孩子最好的榜样，父亲的榜样效应更为巨大。所以，作为父亲在孩子遇到任何问题时，都不要冲动地做事，慎重地思考你该怎么做对你的孩子才是最好的。

好爸爸行动指南针

想要让孩子拥有豁达的胸襟，需要让孩子懂得“以德报怨”。你要引导孩子面对污蔑诽谤，懂得用宽阔的胸怀去包容它；面对他人的故意挑衅，懂得用善意的态度去感化他；面对困难和挫折，不去抱怨，用积极的态度来应对它……

3
孩子的幽默从你的搞怪开始

很多的父亲常以父亲自居，喜欢端着，动不动摆出一幅严肃劲儿，以此捍卫父亲的威严，以为孩子怕他才是正常的家教。

包亚是我的朋友，曾经他就是这样一位父亲。几个月前，他曾向我讲了这样一件事：

有天早上，我将儿子从梦中唤醒，依然用不容拖沓的口气，命令他半个小时内搞定一切出门上学。因为有十几次的责骂，甚至动武的训练，儿子的动作越来越快，不到二十分钟，他就从餐椅上下来拿起书包出门了。

我很得意，拿了公文包跟他一起出门。我们一如往常地沉默着往前赶路，他的幼儿园在一条街尽头，与我的公司离得也不远。

除了我们匆忙赶路的脚步声摩擦出一点生气外，一路上我们不曾有一句的交流，我不知道儿子在想什么，而我的念头里都是如何更快的处理今天的工作。

就在这时，沉默被行走在我们前面的一对父女打破了。那个女孩突然为寻不见的父亲大声尖叫，片刻她的父亲从一个角落里跳出来，扮成大灰狼的样子，女孩儿尖叫着往前跑，同时嘴里大声喊道：“你这个恶毒的大灰狼，我一定会让猎人收了你！”于是，手举成枪的样子向父亲这边射击。

儿子被他们的行为逗乐了，咯咯咯笑得很欢，他那种快乐的神情我从来都不曾看到过。

我当时心莫名一疼，他才五岁多一点，可我对他的要求太多了，让他学着稳重，学着快速而不拖沓地做事，学着做一个优秀的学生，不惹是生非不幼稚可笑。可我从未想过，这些东西他脆弱的心灵到底能承受多少。

我突然很想抱抱他，于是，拉了一下他的衣服，儿子一怔，我蹲下来说道，“让爸爸抱抱你吧！”他的身子僵住了，眼里全都是不可思议，我抱起他时明显感觉到他全身都不自在。

我在他的腋窝下咯吱了几下，他扭捏着身子并没有笑，我说儿子，儿子抓好了，飞机就要起飞了。

我将他往肩膀深处一放，喊出一声“嗖”，往前奔去。那天早上儿子又叫又笑，到了幼稚园门口，他不再是扭头就往前走，也不是突然转身说的“晚上让妈妈来接我”这句话，而是“爸爸再见”！

包亚和儿子的故事不长，但我却听出了很长的韵味。我们的身边时常有两种人，一种严肃古板，一种幽默风趣。古板者遇事常常一脸尴尬，手足无措，局促感几近将他们逼到窒息，我们时常觉得这类人很可笑，缺点色彩，不喜与他开玩笑，也难以做交心的朋友；幽默者遇事，几声哈哈就让尴尬淡化了很多，再婉转地自我黑一下，或幽默地借此事而言它，很快局促没了，倒是成功将尴尬演绎成一段轻松，将氛围调节得更加活泼生动。我们崇拜幽默者的睿智，喜欢粘着他们让自己快乐，于是，不自觉间跟对方也就成了如胶似漆的朋友。

显而易见，混迹这个社会，幽默者更吃香。

但是，很多的父母，在培养孩子时，时常忘记了如何培养孩子的幽默细胞。甚至有的父母把幽默当成不务正业，甚至觉得那很不端庄。尤其女孩，更是从小被灌输的是如何成为“女神”，而不是亲切好玩的邻家小女子。

看《爸爸去哪儿》这档节目，发现爸爸们长进最大的就是越来越学会如何搞怪。从一开始，各个都以名人自居，保持最佳的形象到后来装扮怪人还有穿各类奇葩异服，下海捕鱼，抢夺东西，把自己彻底变成乡野村夫和鲁莽汉子，如此转变，算是在孩子眼中塑造了一个全新的形象。尤其作为导演的王岳伦他的搞怪更是炉火纯青，因为体型胖，加之动作夸张，在扮成老公公时，曾一度惹得观众笑到泪崩。正因为有这样一位爸爸，王诗龄的很多动作和表情都带着喜剧色彩，等她以后懂得如何更好利用幽默时，一定会比她作为著名主持人的妈妈李湘还能游刃有余。

幽默是一种乐观的态度，一种解决问题的睿智手段，是对个人情商的一种开掘。一个幽默的孩子比起那些一本正经的小孩，总能给身边的人带来更多快乐。而孩子的幽默细胞皆来源于TA所处的环境，尤其父亲的引导更能直接培养孩子的幽默感。

很多的父亲，一本正经习惯了，要想跟孩子调节出点轻松愉快来，似乎有些难。其实转变皆在用心，很多的东西都是学来的，不是天生如此，如若真的爱你的孩子，就要从他很小时就为其营造一种轻松愉快的环境，让家庭的欢乐时时充盈，试着用一种更为搞怪的方式，将亲子关系发展到一个更好的境地。

好爸爸行动指南针

想点小创意，给孩子一个意外惊喜，不要固守传统，卸下父亲的威严，跟孩子一起玩搞怪游戏，可以是服装、面具装扮游戏，也可以是扮演童话故事中的角色，或者动画片里的场景，动作要夸张。可以让你的孩子选，如果孩子一直想玩，可以陪他多玩几次。

4

你的鼓励和赞赏为孩子心田播种自信

董晓武是小兵兵的爸爸，也是我的邻居。之所以要写他，是因为他作为全职超级奶爸，将孩子教养得很好。

董晓武跟妻子都是孤儿，家中没有长辈帮忙带孩子，请保姆又贵，考虑到妻子的专业不好找工作，董晓武便自告奋勇辞职当起了全职奶爸。从孩子三四个月开始，我就见他抱着孩子在外面晃啊晃，孩子学走路时，他便在孩子身上绑了一条长围巾，给摇摇晃晃的小儿一点支撑力，我以为他是个小心翼翼的爸爸，可在几次的观察中发现，他对孩子的教养完全是开放式的。就说这走路吧，孩子摔倒了，他不是忙不迭地去扶去抱，倒是蹲在孩子面前，鼓励他爬起来继续，一次两次的闹腾后，慢慢孩子摔皮实了，再跌倒时，竟自顾自地爬起来又往前走了，欢快的样子完全看不出刚刚摔疼过。

小兵兵会说一些简单的词语时，每每在户外遇到他，不用董晓武教，他就会阿姨阿姨地叫，再大点时便能礼貌地点头说“阿姨好”！

董晓武开放式的教养还不止这些，赞扬他家孩子不认生，对人友善亲切，话语能力强时，董晓武便得意地打开了话匣子，“这孩子的胆量要从小培养，你对他鼓鼓力，他就什么都不怕了。每次我跟我家小兵兵出去，找不到某条路或某个地方时，我就会叫他跟路人问路，先让他练练胆，再自己补充，现在一遇到此类问题，孩子就自告奋勇地去了，而且说话极其清晰周正。”

董晓武在小兵兵还很小时，就带着他到公园骑自行车或滑旱冰，孩子因为自控力不好常常摔倒，董晓武便鼓励孩子爬起来，说好的技术都是从摔倒中锻炼出来的。孩子总是学不好时，他也不会失去耐心，总是一个劲儿地说，你已经很棒了，再努努力一定会做得更好。孩子有进步时，他欢呼雀跃，大声说着“儿子你真棒”！孩子受到鼓舞，即便汗流满面，倒也不知道累地更加卖力练习了。

小兵兵的妈妈说，之所以小兵兵比同龄孩子接受力和领悟力都强，皆因丈夫董晓武的鼓励和赞赏。

而今，小兵兵已经七岁有余，他很自信，跟大人说话直视对方目光，不害羞不畏惧，让他表演个节目，他也是大方地甩开嗓子说唱就唱说跳就跳。他还是爸妈的好帮手，对于去小卖部买酱油、食盐之类的活儿，不用爸妈多说就能轻松完成。

有这样一句话，“说你行，不行也行，说你不行，行也不行”！意思是说，鼓励和赞扬对一个人的塑造极其重要。一个人一辈子依靠什么在社会上叱咤风云，当然是自信，自信的人鲜有被负面情绪和负面内容束缚，凡事喜往积极方面想，能抓住机会，对人处事总是自然坦荡大方，不扭捏不畏惧，如此总能抓住好的时机做出意想不到的成绩。人的这份自信从何而来，需要从他很小时就在骨子里种植。可以说，那种天然的不用名牌、金钱、职业包装的自信，是家庭氛围培养的结果。

每一个孩子都是一张白纸，在上面画上绚烂的色调，还是涂抹成灰暗色，取决于父母。父母自身不自信，动辄给孩子灌输的都是消极思想，还不让孩子尝试这个尝试那个，动不动就要打击和奚落，这样的教养方式，无疑像慢性毒药的喂养，一天天弄垮的不是孩子的身体，而是心和脑。一个常常受到打击的孩子，自卑感会扭曲他们的心灵，时常会表现得身不残而心残。

父母尤其爸爸想要培养一个心灵健康自信乐观的孩子，最好避免说以下话：

你真笨，真是笨死了，怎么有你这么笨的人；

我不喜欢你，你真让人厌烦，滚一边去；

这个世界上任何孩子都比你强，瞧你那点出息；

什么时候你才能学会做好这事啊，我看是没希望了；

别做了，再做也做不好；

别动，这可不是你能做的事；

连我都做不好，你怎么能做，一边凉快去；

我怎么生了一个像你这样的孩子，太不让人省心了；

……

最好多说这样的话：

我很爱你，你真的很棒；

你在爸妈眼里是无与伦比的；

如果你喜欢就放手做这事吧；

别怕，多尝试尝试，我相信你一定会做好的；

别这么快放弃，有困难告诉爸爸，我会一直支持你的；

别人能做的，我的孩子一样能做，还会做得更好；

别灰心，方法总比困难多；

虽然这个依然不太好，但相比较第一个，这个已经超出很多了，往后你会做得更好；

来，为你的进步，亲亲你，抱抱你；

……

不要让孩子觉得你不爱他，也不要让孩子觉得你瞧不上他，用你温暖的话语和鼓励，调动起你孩子骨子深处的那份自信，让他觉得自己是一个有用之人，是个可以有作为的人，一个能把事情做好的人。一个自信的孩子才能更好地与成功接轨。

好爸爸行动指南针

生活中不要只看到孩子不好的一面，要积极地发现孩子美好的一面，进行具体的表扬，比如孩子喜欢打扮，就夸孩子颜色搭配得好，将来说不定会成为了不起的服装设计师。另外，合适的表扬要与孩子的个性相结合，对于脆弱的孩子应该多给予表扬，并且多对孩子进行过程表扬和能力表扬，而对于比较稳重自信的孩子，则可以偏重结果表扬，鼓励孩子要努力达成一个好的结果。

5

必不可少的挫折教育让孩子勇敢坚毅

有这样一个故事，有个孩子从小学到初中，一直是班里的尖子生，成绩名列前茅，家长教师都冠以他天才的称号。只是初三的某次模拟考试中，班里突然冒出一匹黑马，总成绩足足比这个小孩高出 100 多分。面对着这次考试失利，这个孩子不是总结原因，自我提升，而是选择了跳楼自杀。

孩子何至于脆弱到这个程度，连一次小小的打击都承受不起？很明显，家庭的挫折教育未能跟上。

每个人这一生的成长中，会遭遇很多很多的挫折，人生并非一帆风顺，大多数时候我们的人生必须在逆境中踽踽独行。很多时候，不舒服、痛苦、艰难才是历练我们顽强性格的关键。但是，如果父母无法从孩子很小时就为他亲授人生挫折的种种，总是在自己的庇护下，让孩子误以为这个世界处处春暖花开，阳光灿烂，一旦某一天离开了父母的羽翼，面对着跟自己曾幻想的世界完全的不同，落差感和不适感会让他们顷刻间感觉世界崩塌，脆弱感和虚弱感会让他们一瞬间失去对生的所有勇气。正如一开始，我们所讲的这个故事中的孩子一样。

尽管大多数的爸爸知道，让孩子知道什么是挫折，如何勇敢地面对挫折很重要，但是很多时候，他们却无法很好地给予孩子挫折教育。孩子摔倒了，他们会第一时间冲过去抱起来，一边哄着哭闹的孩子，一边大声咒骂让孩子摔疼的地面，口口声声承诺下次一定会保护好他。孩子遭遇成绩滑落，竞争班级干部失利，一些比赛未能获奖时，他们并非鼓励孩子直面挫折，再接再厉，越挫越勇，反而是以心疼孩子受到打击的名义，把孩子失利的原因归结为教师教得不好、同学有眼无珠、比赛太变态。这样的教养让孩子根本感觉不到什么是挫折，什么是失败，反而养成推卸责任的习惯，以后不是如何努力争取赢，而是找各种理由放弃。

还有一些爸爸，不做好榜样，在孩子面前总是展示自己脆弱的一面，工作不顺心，上司不厚道，下属不给力，同事不好相处，客户搞不定……就像个喋喋不休的祥林嫂一股脑地在孩子面前排解着情绪，孩子眼见的不是父亲如何牛气地处理各种问题，解决各种事端，化解无数挫折，而是一个没有血性，没有魄力，没有坚毅面的小角色。长期的相处，孩子必定模仿的是父亲小角色的一面，而不可能是前者。

在《爸爸去哪儿》这档节目中，体现最好的就是一种挫折教育。爸爸们相互间的竞争和最终的败下阵来，以及孩子出去讨要各种食材讨要不得的失落，无不是挫折教育的一种体现。这档节目的最佳之处在于，孩子们因为有任务在身，所以面对着一次两次的挫败，他们不是选择放弃，或者哭哭啼啼不愿继续，而是为了完成任务，不得不硬着头皮一而再再而三地直面挫折。当节目结束后，孩子们自不会再将挫折当成挫折看待，而是对自我的一种挑战，在挫折中不断寻求成功，直至把一件事情做到自己最满意的程度为止。

节目中，有一段这样的内容，爸爸们没有食材自己做饭，只能敲老乡家门看能不能蹭顿饭吃。但几乎所有的爸爸第一次都是出师不利，老乡们不是已经吃过晚饭，就是不愿请他们一起用餐。加之一开始被面子所束，爸爸们都不愿意直接开口讨饭吃。孩子一直跟在爸爸后面，看他如何处理这件事情，如果爸爸们因为一两次的挫折就不愿再去尝试，孩子从父亲身上学到的就是为保脸面，哪怕挨饿也不会继续遭遇挫折。所幸五位爸爸最终都以锲而不舍的精神为孩子们要来了一顿虽不丰盛但能填饱肚子的晚餐。这样的教育无疑给了孩子这样的暗示：很多时候很多事情不是轻易就能按人的意愿走的，面对着挫折，只要不为所动，敢于坚持，能锲而不舍，最终定能换来让人满意的结果。假如连这么小的挫折都承受不起，一味顾忌面子，结果只会是一败涂地，人生再也看不到希望。

挫折教育对于一个孩子的成长非常重要。它是历练孩子坚毅性格的关键，能让孩子对未来的生活充满勇气，能让他们养成不放弃，不抱怨，不自暴自弃的性格，能让他们迎难而上，挑战个人极限，获得意想不到的成功。正如爱迪生所言，“伟大人物最明显的标志，就是他坚强的意志。不管环境恶劣到什么地步，他的初衷与希望不会有丝毫的改变，而后克服困难，达到预期的目的。”

所以，相比较母亲的柔和，有着更多刚强和坚毅一面的父亲，更应该重视家庭的挫折教育。

好爸爸行动指南针

当孩子遭遇挫折时，要直面告诉TA，人生中有很多很多类似的困难正等在TA成长的路上，只有让自己变得更加坚强勇敢，困难才不会变成困难打倒TA；当你的孩子因为尝试某件事不成决定放弃时，要多鼓励TA，帮助TA，给TA最多的帮助和勇气，爸爸可以讲名人或自己小时候不放弃不抛弃的故事，去引导TA。

6

拖沓的爸爸必定有个拖沓的孩子

“菲菲，快点吃饭!”“怎么还没吃完?”“你有没有听见我说话，赶快吃完。”——每天，菲菲的妈妈都要和菲菲上演这样的剧目：不论是吃饭、穿衣、刷牙、洗澡，还是做作业，大人都要不停地催促，菲菲却磨磨蹭蹭或无动于衷。

为此菲菲的妈妈非常苦恼，她对我说：“像穿衣、吃饭、做作业之类的事情都是需要菲菲自己独立完成的，我们不想帮她包办，但是她总是拖拉，常常吃饭就要吃一个小时。我们引导过她，有时还会因她做事慢大发雷霆，但是孩子却没有任何的改观。”

我认识的另一位小宝妈妈，多年来也一直在和孩子的“拖延症”做斗争。她说：“孩子做作业总是很慢，别的孩子晚上七点多就能完成作业，她经常是十点多才做完，经常见她在做作业的时候玩玩具或者发呆。”

为什么菲菲和小宝小小年纪就犯上了“拖延症”?他们的拖拉是什么原因造成的?后来通过我了解，他们有个共同点——都有一个拖沓的爸爸。比如菲菲的爸爸，很多时候他知道自己在一个时间段该做什么、怎么做、做到什么程度，但是就是不马上去做，拖拖拉拉；做事往往有头没尾，刚开了个头，又“懒得”去做了，然后回头再做这个事情的时候又重新花时间去考虑该怎么做；诸如整理书籍、扔垃圾、关电视等，很多举手之劳的一件小事，懒得动弹，一拖再拖……

孩子不像成人一样有时间紧迫感，他们对此概念比较模糊，不知道尽快做完事之后有什么更好的结果，也不认为慢有什么不好。因此可以说，孩子的拖沓是受家长的影响，特别是家里有“懒”爸爸的时候这个孩子必定拖沓。

在家，“懒”几乎是男人的通病，我家先生也是如此，曾经让他倒一次垃圾需要我再三催促，让他修理一个电路，他磨磨蹭蹭一会看电视，一会玩游戏，一个下午还没弄好……

有一段时间我发现儿子意力不集中，尤其是吃饭的时候，一会玩这，一会玩那，吃得特别慢。有一次我实在受不了，我严厉地批评了他，小家伙却说：“妈妈你偏心，爸爸吃饭也慢，你为什么不批评他。”

在电话里我很严肃地向先生“汇报”了这件事，并批评了先生给儿子带了个坏头。先生在电话里向我道歉，并保证改掉自己的这个毛病。我说：“不光你自己要改正这个毛病，也要让儿子改正这个毛病。”先生回答：“遵命。”

先生果然没有食言，放假回家第一件事情就是和儿子制定了《防拖沓守则》，里面详细规定了做事的具体时间，完成的质量标准以及未完成的后果。比如，吃饭，最多只能用半个小时，一旦过了半个小时，就要把饭收起来。一开始儿子并不把这个事情当真，当先生示意我真的把饭收起来时，小家伙还哭闹了起来。我有点心软，想把饭菜留下，先生却严厉制止了，并对儿子说既然签了协议，就要做到。儿子有了教训，下次吃饭再也不敢拖沓。其他事情也是如此。

孩子不会无缘无故地拖沓，拖沓的背后可能是有你的坏榜样在起作用。不仅如此，孩子的第一次拖沓行为总会被忽略掉，当时你没有及时制止及指导，当你发现孩子拖沓成为问题的时候，就已很难改正了。而当孩子出现拖沓的行为时，很多爸爸会出现焦急、烦躁、愤怒的负面情绪，经常催促、命令、责备甚至恐吓孩子。其实这些行为除了让你当下的情绪得到发泄外，对你和孩子来说都毫无益处，还有可能激化你和孩子的矛盾。

因此，在面对孩子拖沓的时候，先让自己冷静下来，不要被自己的情绪控制，先从自己身上找原因，看看是不是自己的一些拖沓行为给孩子起了坏榜样的作用；然后换位思考，站在孩子的角度想想孩子的感受，深度地了解孩子拖沓的原因。

记得认识的一个爸爸说：“回忆我们自己拖沓的情景和感受就会明

白，在拖沓面前要承受多大的压力。认识了自己对于拖沓的感受和产生拖沓的原因，才能够让我们与孩子有效沟通，一起纠正这个问题。”确实，在拖沓面前孩子一点也不享受，如果他因此只是受到责备，会让他不自信，这才是拖沓带给孩子最大的危害。

好爸爸行动指南针

在日常活动中，爸爸不仅要改掉自己拖沓的坏习惯，还要教会孩子如何利用做事的先后来提高效率，使同样的时间，可以做更多的事情，或者同样的事情可以用更少的时间。比如，孩子起床上完厕所之后就告诉他不能再回被窝耍赖了，要让他直接穿好衣服去洗漱；吃饭之前不能再看第二张动画片的盘了，否则时间又被拖延过去了；先做完作业再玩自己喜欢的东西等。

7 让孩子做最好的自己

有一天，儿子在小区里和一群孩子玩，我在一旁陪着。儿子很活跃，跑来跑去，敢说敢做，敢爱敢恨，心里想什么嘴上马上会说出来。跟儿子一起玩的孩子中，毛毛属小区里最大的孩子，时常有点以大欺小的姿态，这天看到邻居家瘦小的豆豆，故意走去将人家推倒在地。可怜的豆豆顿时大哭起来。儿子看到这一幕，立马冲上前去"伸张正义"，那阵势颇有梁山好汉的味道。

事后，我把这件事在电话里和先生说了一下，我抱怨说："儿子总是控制不好自己的情绪，好打不平，一天到晚尽给我惹事。你说有没有什么办法让儿子变得乖巧安静些？"

"打住。"先生立马在电话里说："个性这个东西，一半天生，一半培养。孩子生下来都是一张白纸，但是并不是没有一点信息的，它有底色。这种底色是天生的，是孩子本初的个性，是基本定型的，不论儿子是否愿意，都已经在他人生的画板上涂下了底色，如果我们非要改变他的个性，不过是逆水行舟，痛苦的必定是儿子和我们。我们还是顺应儿子天生的个性吧。"

"你知道的，我一直喜欢的是那种温柔安静的孩子。"我有点沮丧地说道。

先生笑了："我觉得我们的儿子很好啊，小男孩嘛调皮才是正经事。我们能做的就是顺着儿子的人生底色，引导出他人生的美丽画卷。你可别一味地根据自己的喜好去塑造孩子的个性，这样只会适得其反。"

"可儿子这样的直性子以后会吃亏的！"我仍然有点担忧。

"儿子出生后，我们就是儿子最亲近的人，我们的一言一行，一颦一笑都在潜移默化地影响着他，改变着他人生画板的格局。他上学后，他的老师，他的同学也都会在他人生的画板贡献五颜六色的枝叶和色彩。这样一天又一天，儿子人生画板的颜料越来越多，最终形成了他自己独一无二的个性色彩，这种色彩只属于儿子，它便成了儿子的个性。”

受先生的启发，我突然想到在心理学上把颜色分成冷色调和暖色调，那么孩子性格也可以像颜色一样分成“冷色调”和“暖色调”，比如，那些安静、喜欢一个人默默地玩的孩子，他们是颜色中的蓝色、青色、绿色，属于“冷色调”；而那些活泼开朗的孩子，他们就是颜色中的红色、黄色、橙色，属于“暖色调”。至于儿子，他喜欢运动，喜欢新奇的事物，喜欢多变的环境，用一种颜色来形容的话，应该是红色，充满活力和热情。

先生经常观察儿子，他说：“我必须深刻了解了儿子，才能当一个好爸爸。”

儿子喜欢什么人，喜欢做什么事，喜欢什么衣服等等之类的，他了解得丝毫不比我这个跟儿子相处时间更多的妈妈少。他说他已经摸索出了儿子的“底色”，他会尊重这个，让儿子做最好的自己。针对儿子的个性，先生一般会带儿子进行户外活动，他觉得户外的广阔天地更适合儿子。在先生的带领下，儿子学会了滑板，学会了骑自行车。只要一有时间，先生还会带儿子去旅游，游玩的时候选的也都是带有冒险色彩的项目，比如攀岩、漂流、坐热气球。在这些活动中，儿子浑身散发着热情和活力。

我很欣慰先生能顺着儿子的个性做这样一个好爸爸！只是遗憾的是，不是每一位爸爸能像先生一样，多数时候，他们都是逆着孩子的个性施以教养。孩子明明喜欢安静，偏偏要他去学习各种曲艺；孩子明明喜欢热闹，偏要他安静地坐着弹钢琴……

比如我同学的孩子，他的个性有点像《爸爸去哪儿》里的石头，喜欢“武力”，梦想着自己有一天能够拥有非常了不起的功夫，成为一个“超级英雄”，但是我这位同学却根本不尊重孩子的喜好，只是一味地顺着自己的想法叫儿子学小提琴。孩子因为不喜欢学得很差，于是他便又唉声叹气说自己养了个笨蛋，难道真的是孩子笨吗？

在网上看到过这样一句话“世界上只有1%的孩子可能成为天才，却有99%的父母都在做望子成龙、盼女成凤的梦想和努力。世界上有99%的孩子注定一生平凡，却只有1%的父母意识到并致力于培养孩子适应现代社会的健全体魄与心灵。”每个孩子都有自己独特的遗传因素、成长环境和经历，从而形成自己独特的性格特点和行为模式，这些决定了每个孩子都是一个与众不同的个体。如果我们给孩子一个目标是成为最好，那就注定有99%的孩子在我们眼中是“失败”的，因为大人所渴望的“最好”与孩子的“最好”很多时候都是难以协和的。

如果是好爸爸，如果真的爱孩子，那么请尊重孩子自身的个性特征，让TA做最好的自己，成就独属于TA自己的人生。

好爸爸行动指南针

平时多注意观察孩子，掌握孩子的个性特征，然后顺应他的本色让他开心地做自己。比如，有的孩子好动，做事不能持久，那么就注重培养他的兴趣，因为这类孩子对自己感兴趣的事情往往会有更持久的热情和耐性；有的孩子喜欢安静，那么就引导他多动脑筋，对知识勤钻研，说不定以后能成为了不起的科学家。顺应孩子个性而育，才能事半功倍。

第三章 言教不如身教

——好习惯爸爸来以身作则

1 会规划的爸爸，孩子做事有计划

只要《爸爸去哪儿》一更新，我和儿子必定第一时间观看。其实我在看《爸爸去哪儿》的时候不仅被明星家的小孩萌到，看他们哭，看他们笑，看他们坚强，看到的更多的是他们之间的父子之情。每当我有此感慨的时候便会开玩笑地问儿子："儿子，你觉得爸爸和他们的爸爸比谁好？"

儿子总是不厌其烦地瞟我一眼说道："妈妈，这个问题你都问了几百遍啦，当然是我的爸爸好！"

"那爸爸有没有不好的地方？"

"没有！"儿子非常肯定地回答。

是的，在孩子的眼中，爸爸永远是最好的，最棒的，《爸爸去哪儿》里的五位萌娃是这样认为，我的儿子也是如此。因此，日常生活中，儿子的一切都尽量向先生看齐。而我的先生有点"马大哈"，难得回家，回到家里对他而言就是彻底解放，随手乱扔东西，做事顾头不顾尾，无形当中给儿子立了个坏榜样。儿子也学会了乱放东西，刚刚整理完的房间常常被弄得一塌糊涂，出门更是丢三落四，每天我都得为儿子做事没条理而烦恼。每当我说他的时候，他都振振有词地回答："我这是遗传老爸的，爸爸不也是这样乱扔东西的吗？"这样的回答多了，我就觉得问题有点严重，解铃还须系铃人，我和先生长谈了一次，先生也意识到自己错了，并保证会用他的方法改正儿子的这个臭毛病。当我问他什么办法时，他一脸神秘并不告诉我，我也只好等着看他到底有什么妙招了。

儿子是个小书迷，每次回家先生都会为他买上不少书，积少成多，他的房间居然满满地摆了几百本。但是儿子做事没有条理，这些书都是随手一扔便完事，用的时候就拼命地找。

有一天，先生回家走进儿子的房间皱着眉头说：“如果一个人有收藏爱好的话，他会变得很快乐。”

儿子怀疑地看着先生：“真的吗？那我应该收藏什么？”

先生说：“什么都可以，比如你喜欢看书，就可以收藏很多很多书。”

“哦，那我已经有好多书了。”

“你那只是‘收’，可还谈不上‘藏’哦。”

“那什么才是‘藏’？”儿子好奇地问道。

“‘藏’就要做到分门别类，东西整理得科学有条理。”然后先生就给儿子讲了图书馆藏书的“资料十进分类法”。这个分类法就是把所有的书细分成类、纲、项、目四个层次，“类”代表知识体系，“纲”代表专门知识，“项”代表专业，“目”代表形式。如，知识可分成10类：A. 哲学；B. 历史；C. 社会科学；D. 自然科学；E. 工程、技术；F. 产业；G. 艺术；H. 语言学；I. 文学；J. 总类（即不包含在以上九类之内者）。而每一层次以0到9为记号分成10等份。于是，全部资料便可分为10类、100纲、1000项、10000目。

在先生的指导下，儿子把自己的图书分门别类地整理了一下，并把经常要用的书放在方便取的地方，这样对这些书他就做到了心中有数，寻找图书的时候不再胡乱翻弄，房间也整洁了许多。更重要的是，儿子在先生的指导下学会了做事有条理，他开始学会安排自己的事情，比如书包整理得非常有条理，课本都是按着一定的顺序摆放，找书和作业的时候再也不用拼命翻书包了。当然，经过这件事情后，先生回家再也不会像以往那般的邋遢，要做一件事之前都会找儿子一起做一个详细的计划，还鼓励儿子一起帮我收拾屋子。

一段时间后，我发现儿子有了明显改变，不仅自己的东西整理得井井有条，出门还不忘提醒我需要带什么东西，做一件事情更是养成了列计划的好习惯。

据我所知，许多妈妈都会遇到我曾经的烦恼，早晨起床，慌里慌张，孩子不是找不到袜子就是找不到作业，常常弄得孩子哭大人气。

虽然知道做事情缺乏条理，没有计划，是儿童时期的自然反应，但是如果父母不注意引导，孩子往往会养成不良习惯，从而影响孩子的人生。培根就说过："敏捷而有效率地工作，就要善于安排工作的次序，分配时间和选择要点。只是要注意这种分配不可过于细密琐碎，善于选择要点就意味着节约时间，而不得要领地瞎忙等于乱放空炮。"事实上，做事有计划对于一个人来说，不仅是一种做事的习惯，更重要的是反映了一个人的做事态度，更是能否取得成就的重要因素，对于孩子来说，也是如此。做事有计划，它可以帮助孩子们有条不紊高效地处理应该处理的问题，从而更好地料理自己的生活，更好地适应今后的学习和工作。

德国人在教育孩子上就非常注重引导孩子做事有计划。比如，一个孩子对爸爸说："爸爸，我周末要去郊游。"他的爸爸不会像我们中国的爸爸直接说"好"或者"不行"，德国爸爸会问孩子："那你有什么计划？去哪里？你要和谁一起去？怎么去？要带什么东西？"如果孩子回答自己还没有想好，爸爸就会对孩子说："没有计划的事情就不要说。如果你想去就先做好计划。"就是这样的教育让德国孩子做事一般比较严谨，做事之前往往都有周密的计划。

因此当你的孩子提出某个请求时，请不要再粗暴地用"行"或"不行"来回答孩子，你应该问一问孩子"你的计划呢？"当孩子逐步习惯了在行动之前做计划后，他就能养成先计划后做事的好习惯。不过做计划是一种高级的认知技能，孩子小一般不能出现有计划的行为，但是你可以通过循序渐进的训练发展出孩子的计划性。

我认识的一个爸爸他总是这样对自己的孩子说："女儿，今天我们吃完早饭先去广场看奶奶，十点钟的时候去游乐场，你觉得怎么样？"女儿很高兴地表示同意。接着他对女儿说了去游乐场的具体项目有碰碰车、划船、海盗船，让女儿自己来安排这些项目的先后次序。孩子一般只会按自己的兴趣安排次序，他的女儿也是如此，于是他就把自己的建议及其理由讲给女儿听，慢慢地，孩子就会统筹安排了。

如果孩子习惯了事先安排活动的内容和次序，他也会像大人一样把计划做得合情合理，甚至把学习、劳动之类他不十分情愿做的事也自觉地安排到他的计划内。

好爸爸行动指南针

向孩子示范自己的计划性，把自己的计划告诉孩子，并征求孩子的意见，让孩子帮着做计划。这种示范不仅可以帮助孩子理解计划的重要性，而且能够让孩子更好地去学习如何安排自己的事情。

2

有进取心的爸爸，孩子不会懒散

我们都知道每个人都有着与生俱来的惰性心理，它的表现形式多种多样，其中包括了懒散和轻微的犹豫不决。当一个人拥有这种惰性心理时，做事情就会变得迟迟不愿行动或犹豫不决，一拖再拖，使人无法按照自己的计划或愿望进行活动，孩子更是如此。

球球是我闺蜜的儿子，今年已经上小学五年级了，他的懒散就让我的闺蜜颇为头疼。闺蜜说球球做事总是很慢，半天看不到一点进展，给他布置的任务要么草草了事，要么一拖再拖，批评他，他依旧我行我素，该快的还是慢，甚至从来不把你交代他的事情放在心上，学习上更是如此，不喜欢写作业，写字看书不到几分钟就开始喊累，经常边学边玩，时间晚了就想着明天早上再完成，第二天又赖床。如果催促他，作业算是按时完成了，但是写得马虎潦草，指出他错的地方也懒得改，只要遇到稍微难点的题目就说自己不会，也不愿意去想办法完成。

一开始我觉得闺蜜夸大其词，有天上她家串门算是亲历了她儿子的这一懒散。

那天，一进门正好碰见球球在客厅写作业。为了不打扰他，我和闺蜜特意在卧室聊天。正聊得起劲，闺蜜突然站起来说：“我看看球球去。”

我很奇怪：“他不是好好地在写作业吗，看他干吗？”

“谁知道他是在写作业还是在做其他的。”

出于好奇，我也和闺蜜来到客厅，只见小家伙正在沙发上看电视，作业被乱糟糟地摊在茶几上。

闺蜜一把拎起球球：“作业写完了吗？”

球球懒懒地回答："等下写。"

"试卷修改完了吗？"

"差不多。"

"差不多？差多少？"

"就几题了，我明天再改。"

闺蜜生气地说："你现在就给我做完。"

我以为球球会害怕的，刚想去劝劝闺蜜别对他那么凶，没想到球球居然大喊起来："不嘛，为什么爸爸可以把事情留在明天做，我就不行？"

这一说，让我和闺蜜陡然间愣住了。原来闺蜜的先生这几年工作不顺心，失去了工作、生活的热情，在家经常抱怨，生活更是懒散无序，许多事情都是一拖再拖。

其实，球球的心理具体表现在思想和行为两个方面：思想方面，没有上进心，做事缺乏主动性，不能积极思考，缺乏责任心，不思进取，有依赖心理；行为方面，日常起居没次序，不能完成当天的事情。

我记得一个儿童心理学家分析过，孩子缺乏上进心无非以下几个原因：

一是父母的挫伤。孩子原本有上进心，但是父母总是对他的进步百般挑剔，表现出种种的不满，甚至言辞讽刺挖苦，孩子积极性受到打击，有的干脆放弃了。

二是家庭环境的影响。父母本身没有进取心，工作不思进取，生活平平庸庸，更忽视孩子情感与智力方面的需要。极少和孩子谈话、游戏、讲故事，抑制了孩子的上进心，对孩子没有明确的行为指导和要求。

三是孩子自身的问题。孩子天性好玩，不能对自己的言行做出正确的评价，不会自我调节、监督，做事没有常性，或是孩子天生就是慢性子，不喜欢竞争，容易受外界的影响。

四是父母的误解。父母往往喜欢用大人的思维去评价和要求孩子，一看到孩子成绩没有提高，或老师不常表扬，或者遇事孩子经常表现出满不在乎的样子就给孩子贴上"没有上进心"的标签。

闺蜜和她先生都是受过高等教育的，对孩子教育问题也非常重视，懂得不少儿童心理，我想不会去挫伤和误解孩子的，那么问题的根源就在家庭环境上了，最主要的还是在爸爸身上。

孩子的一言一行绝大部分是模仿得来的，爸爸的言传身教深深影响着孩子，爸爸对工作对人生的态度同样会影响孩子的态度。如果爸爸能够在家里对工作少一些抱怨，显示出一个积极的精神面貌，根据孩子的理解程度来和孩子谈谈自己工作中遇到的故事，例如如何克服困难圆满完成了某项工作，用自己积极上进的言行影响孩子。在这样的家庭环境中，我想孩子一定不会懒散无序，没有进取心的。

和我们大人相比，孩子心智发育更不成熟，缺乏自制力，做事情往往随着自己的主观意愿进行，加上他们惯有的厌烦心情，有时候虽然脑子里也很想去做某件事情，也可以想象到把事情完成后的欣喜，但是因为其他事情，比如未完的作业等使内心产生阻力，无法持续主动地去做事，于是我们便经常在孩子身上看到懒散的毛病。其实不管哪个年龄段的孩子都会发生偷懒、好逸的现象，这就需要我们父母去指引，特别是爸爸带头示范往往起着举足轻重的作用。

谈到这里，我又想到《爸爸去哪儿》第一季中那五个萌宝，特别是小萝莉森碟的表现非常值得一提，她总是像风一样地奔跑，不厌其烦地帮助别人：帮助王诗龄提菜篮，担心石头受伤的手；爸爸和孩子们在捉泥鳅，她不需要任何人提醒地去打水；在山东荣成，父女俩住在有老奶奶的房子里，田亮做饭，将照顾房东老奶奶的任务交给森碟，森碟乖巧地照顾老奶奶……整个节目录制下来，她一点都没有表现出懒惰、懒散的现象。我想这一切都和她那个世界冠军爸爸有着密不可分的联系。田亮是跳水运动员，他的人生里充满着竞争，他唯有不断地提高自己才能让自己攀上世界冠军的宝座，而他的这种进取精神在家庭里起着潜移默化的影响，我们的小萝莉自然也就受到了影响。

高尔基说过：“一个人追求的目标越高，他的才力就发展得越快，对社会就越有益。”上进心，就是努力向前，立志有所作为的一种心理品质。因此，爸爸们应该用自己对待事业和人生的进取精神去影响孩子，像对待自己一样地对待孩子，给孩子一个目标让孩子忙起来。

“严是爱，松是害，不管不教要变坏。”只有使孩子在家庭生活中，既感到爸爸妈妈的柔情与温暖，又感受到父母严格要求自己的拳拳之心，更是感受到爸爸身上的进取精神，孩子才能养成良好的习惯，培养出自制力和做事的恒心。

好爸爸行动指南针

想让孩子改掉懒散的坏毛病体会到忙的乐趣，要懂得给孩子一个有建设性的目标，比如对想早起的孩子，你可以和 TA 一起制定晨读计划，将大目标分成小目标，帮助孩子一起完成。在 TA 主动做事时，你可以在一旁鼓励 TA 并加以指点，此时，就可以采用限时的方式，引导孩子高效率地完成一件事情。

3

孩子的韧性靠爸爸的耐性

这几天儿子非常高兴，先生这次回来不仅能够在家里多待两天，还送了他一套精美的积木。拿到积木后，儿子就迫不及待地在客厅玩了起来。见儿子玩得起劲，我和先生便去厨房准备晚餐。

不一会儿，儿子在客厅喊爸爸，想让先生陪他一起玩积木。先生过去看了看，儿子照着图纸拼装的小房子很是像样，只是到了屋顶部分，却怎么都弄不好，于是不耐烦地想要求助父亲。

先生耐心地在儿子身边蹲了下来，先引导儿子看柱子。儿子矫正了柱子，然后把屋顶的那块插片插了进去，这次没有弄糟。接着是上屋顶的瓦片，这是最难的环节，本来那块屋顶已经插好，但是往上加瓦片的时候，总也按不进去，使劲按的话，屋顶就会塌。儿子显得急躁起来，把积木一推赌气地说：“这么难，不玩了！”

先生笑着安慰儿子：“慢慢来，爸爸陪着你，相信你可以的！”

听了先生的话，儿子又一次尝试起来，但是还是弄不好，几次三番后便哇哇大哭起来。先生倒也不说什么，只是安静地坐在儿子身边，陪伴着他。我见形势不妙，想要他跟我去厨房以此转移他的挫败情绪。可没想到，先生暗示我不要这么做。等儿子哭得差不多了，先生便主动要求和他一起拼。

“宝贝，你仔细看看屋顶的这片积木，是它本身的问题，跟你没有关系，爸爸弄起来也很费劲。”先生在检查了屋顶积木碎件后，对儿子这样说道。儿子听爸爸这么讲，似乎释然了很多。

“不过爸爸有个小小的建议，”先生接着说，“我们重新搭建这个房子好吗？”

刚开始儿子不情愿，毕竟是他花费了很多时间，房子才有现在的规模的，但是先生耐心地给他解释基础的重要性，最终儿子点头同意。先生装作图纸看不懂的样子，主要让儿子搭建，他只是在儿子搭建后加固一下。有了先生的帮助，房屋坚固很多，儿子搭建得很顺利，最终是顺利完成了所有的拼装。眼见自己的杰作，儿子兴奋地大叫着妈妈，向我显摆他的成果。

其实，我最担心儿子会因为挫败感而放弃继续挑战，没想到有了先生的引导，最终他能将自己做的事情善始善终，这让我很欣慰，同时也让我明白了孩子成长过程中的几个关键词：分析、肯定、耐心和韧性。儿子是幸福的，因为他有一个对他有耐心的爸爸，能在他脆弱的时候给他有力的引导。

想到这里，我不得不提一下我表姐的孩子。那个孩子快 7 岁了，因为表姐在外进修，孩子的起居基本都是爸爸在照顾，爸爸工作比较忙，所以在处理孩子的事情上就显得很没耐心，喜欢让孩子按着大人的安排行动，如果孩子不顺从，比如起床磨蹭、洗澡玩水，爸爸就会叫骂起来，显得非常没有耐心。现在表姐的孩子做事谨小慎微，很多事情放不开，跟别人相处时也不敢大声说话，一遇到困难就害怕退缩，来家里玩的时候，儿子一点都不喜欢他。

也许爸爸们不知道，孩子的脆弱、恐惧感，做事所缺乏的恒心，吃不得亏又输不起这些负面的问题，都是爸爸在教育上没有耐心引起的。大多数的爸爸一缺乏耐心，就要对孩子大呼小叫，甚至巴掌伺候，如此方式竟生生把孩子原有的一点气概吓没了。

所以，爸爸用自己的耐心在孩子的人生中为他们注入一份韧性是十分有必要的。你要明白，当孩子打破砂锅问到底时，耐心回答的你，会答出他的求知欲；当孩子慢腾腾地穿衣服时，耐心地等一等的你，等出的将是孩子的独立性；当孩子正向你诉说苦恼时，耐心倾听的你，听来的会是孩子的坚强和担当。

一个人的能力有限，一个人的一生中也总有一些难以跨过的坎坷和难以克服的困难。我们都希望孩子们像山一样的伟岸和刚毅，但我更希望孩子们像水一样有柔韧性。人生如水，水有逆流，也有顺流，就像人生有痛苦也有欢乐。让我们的孩子们可以活得像水那么自由，那么轻灵，那么柔韧，让孩子在坚强当中又不失柔韧性，这样才会有飞流直下的壮阔和一泻千里的磅礴。

好爸爸行动指南针

当我们面对孩子的问题或错误不耐烦，情绪即将失控时，为避免说出错误的话，做出错误的事，不妨让自己闭上眼睛，做一下深呼吸，通过呼吸让自己平静下来，让自己的情绪不再失控，问一问自己：我为什么要抓狂？我抓狂能否解决问题？如果不解决问题我应该选择什么方式来解决？等情绪平定后再耐心地帮孩子分析解决问题。

4

爸爸守时，孩子才会惜时

最近因为要参加几个育儿的专题演讲，加上还有写作的工作，我自己总觉得时间不够用，正在忙乱时，又时常出现一些家长里短的小事情，如此状况让人很是抓狂。

某日我正在电脑前敲字时，便见儿子放学回来，他不慌不忙地坐在沙发吃了一只冰棍，然后便到自己的书桌旁做起作业来。也不知道过了多久，突然听到有闹铃的声音，我在回头张望时，便见儿子合了书本，随后便坐到电视前看起了动画片。之后吃完饭，看新闻联播，读课外书等等事项，儿子做得都是有条不紊，一副安排有序的模样。

“儿子，你这是给自己安排了一个计划表吗？安排得很有秩序嘛！”我好奇地问他。

“是啊，是爸爸帮我制定的，以前老觉得时间不够用，现在这么一规划什么事情都能完成，还特别轻松。”儿子得意地说道。

听到这里，难免有些失落，以前我总是在儿子耳朵旁谆谆教诲，让他珍惜时间，规划做事，可他总是耳旁风，而他老爸一出马，便有了完全不同的效果。

不过话说回来，在守时惜时方面，先生确实做得比我好。每天每个时间段做什么都安排得井井有条，我看过他的规划表，每天的安排如下：6 点起床，进行半小时的晨练；8 点至 11 点，14 点至 17 点，工作；12 点至 13 点，阅读、吃午饭；18 点至 21 点，吃晚饭、谈话、娱乐；22 点至 23 点，这个点把明天的工作规划好。虽然有时会有计划外的事情发生，可先生依然能处理得很好。而且他上班从未迟到过，约见客户也能总是准时到达约定地点，跟我相约吃饭，他也总能在他所言的半小时或一小时的时间内出现在我面前。在家休息时他也总是遵照着自己的计划表，即便睡懒觉这样的事，也总有个时间规定。先生虽然陪儿子的时间没有我多，但只要跟儿子在一起，无论玩游戏，还是去健身游泳，他总是把时间观念摆在第一位，该玩多长时间的游戏，应该几点去健身房，游泳游多久等等。大概是基于这种带领式教育的影响，儿子竟一天天地也有了很强的时间观念和规划做事的风格。

至此，我不得不感叹，爸爸的一次小示范大过妈妈的一百句大道理啊！

遗憾的是，很多的家长，尤其是爸爸们并未意识到时间管理对自己孩子的影响有多大。实质上他们自己都是随便做事，鲜有合理的规划和惜时爱时的作风，无形当中就给孩子树立了一个坏榜样。而且爸爸们总觉得，孩子很小，有的是大把大把的时间，在时间上非常纵容他们，让孩子养成了拖拉和浪费时间的毛病，加上孩子心理过程的随意性很强，自我控制能力较差。常常是一边吃饭，一边玩耍；一件事情还没有做完，心里又想着另一件事情；做事总是杂乱无章，缺乏条理。久而久之，这种坏习惯便根治在孩子的人生中再难拔除。

时间管理对一个人的一生有着非常重要的影响，时间规划好，做事有条理，不会有事情一拖再拖的问题，时间规划不好，浑浑噩噩地过日子，看似每天很忙，却总是瞎忙，成就不了大事。如果孩子从小不能养成合理规划时间，惜时按时的好习惯，任由自己随便做事，如此浑浑噩噩必将毁其一生。

所以，作为影响力巨大的爸爸，以身作则，从孩子很小开始便培养TA守时惜时、条理做事的好习惯非常必要。

当然，除了告诉孩子时间的价值，爸爸一定要坚持让孩子养成有规律的作息习惯，良好的作息是养成时间观念的前提。你可以和孩子一起制订一张作息时间表，比如什么时间起床，洗漱用多长时间，吃早餐用多长时间，放学后先做什么，接着做什么，几点睡觉等等，都可以让孩子做出合理的安排。只有把作息时间固定下来，形成习惯，孩子才能对时间有一个明确的认识，才能养成良好的时间观念。

一位科学家就曾说过：“时间最不偏私；给任何人都是一天 24 小

时。时间也最偏私，给任何人都不是 24 小时。”大凡有成就的人，都不会虚度自己的年华，他们珍惜生命的每一秒钟。作为望子成龙、望女成凤的父母，要想让你的孩子真的有所成就，就得从教 TA 怎么利用时间开始。

好爸爸行动指南针

如果爸爸自己做事没有计划，从你有了孩子开始就得有所改变，你甚至可以跟你的孩子一起制定一个互相监督的时间表，比如制定生活日程表，记录每天起床、刷牙、吃饭等所用的时间，一段时间后你看孩子在时间利用上是否有进步，孩子则监督你有没有做事不守时的现象，每天记录结果，并及时汇报。通过这样的培养，让孩子主动加快自己做事的速度，加强时间观念。

6

你的言而有信才能培养孩子的诚实可信

周末早晨，儿子说要跟伙伴闹闹一起去少年宫，约好的时间是9点。但8点多闹闹打来电话说自己生病无法再去少年宫。听闻好友生病，儿子很是着急便要求我陪同他一起去看看对方。

但让我们怎么也没想到的是，到了闹闹家才发现，所谓的生病不过是闹闹为了睡懒觉编造的借口。知道原委后，闹闹妈妈很是生气，一把将闹闹从床上拎起来，批评他不守信用，撒谎骗自己好朋友。没想到闹闹一边揉着眼睛一边大叫："你们大人可以撒谎，可以不守信用，难道我们小孩就不行吗？"

"我们大人怎么说谎了，怎么不守信用了？"闹闹妈反问道。

"爸爸总是说话不算数。我想要一套《名侦探柯南》的漫画书，在书店爸爸说自己带的钱不够，下次给我买，可是我们都去书店好几次了，他就是不兑现承诺。还有一次，我平时最拿手的数学没考好，就骗爸爸说成绩还没出来。后来爸爸知道成绩公布了，就问我怎么回事。我本来不打算告诉他分数的，但是他说考不好没关系，不会怪我，我就把成绩告诉他，没想到他立马就生气了，指责完还不忘在我脑袋上戳一指头。还有，前天说下班会带我们去吃大餐，害得我都没去踢球在家苦等，好不容易等他回来，他一句爸爸太累了下次完事。总之，你们大人说话不算数太多了。"

听闹闹这么一说，闹闹妈妈显得有些尴尬，瞪着眼要打孩子的样子，眼见不妙，我赶紧让儿子跟闹闹去客厅看电视。可是两个孩子出去只是片刻功夫便吵了起来。

原来，两个小家伙看《爸爸去哪儿》的"沙漠篇"，在小 Kimi 的生日上，林志颖和儿子一起合唱《十七岁那年的雨季》，不过小 Kimi 一直兴奋不起来，他的生日愿望是要“奥特曼蛋”，这是爸爸林志颖跟他曾许诺的生日礼物。可是，节目组送来的确是一把小吉他，当他问及爸爸自己承诺的奥特曼蛋在哪里时，林爸爸说奥特曼蛋在北京。看到这里，闹闹便生气地说，林爸爸根本就是在骗小 Kimi，哪有什么奥特曼的蛋。可我家儿子坚信林爸爸一定会送 Kimi 奥特曼的蛋的。闹闹坚持认为爸爸们都是大骗子，包括我家先生在内，儿子不愿意别人说自己爸爸是骗子，于是便跟闹闹吵了起来，很快吵闹便升级到了武力版。

为了不让两个伙伴闹翻，我赶紧跑过去插话道，“林爸爸没有骗 Kimi，他真的送了 Kimi 奥特曼的蛋。”说完还在网上找出了小 Kimi 抱着一大堆奥特的蛋的照片，手中有奥特蛋的小 Kimi 笑容灿烂，幸福满足。

看到图片闹闹却一下情绪低落，忧伤地说道，“那我的爸爸答应我的事情为什么总是做不到呢?”

看到他那失落的样子，我突然很难过。

现实生活中，有很多的爸爸亦如闹闹爸一样，为了诱导孩子，他们就用哄骗的方法把孩子绕进一个永兑现不了的承诺里。可单纯的孩子永远不会单纯，当他们看到父母所谓的承诺不过是一个谎言时，他们很快也学会了这招，并迅速用在自己的父母身上。

有这样一个真实的故事，有位爸爸为了让孩子少吃糖，经常对孩子说糖是酸的，很苦，一点都不好吃。结果那个孩子发现糖果并不是爸爸所说的那么酸、那么苦，他再也不相信爸爸了，还从爸爸哄骗中学到：世界并不是像老师和爸妈教育的那样是建立在真话之上，为了利益，可以不诚实。于是，爸爸在骗孩子，孩子也会骗爸爸。为了多要一些零花钱，他会骗爸爸学校组织了什么活动要交钱；为了自己喜欢的零食，他会骗爸爸说去春游老师说了一定要带什么食品；为了逃避责骂，他会骗爸爸自己考得不错，然后修改分数……

孩子单纯得就像一张白纸，你在上面画了什么因，他就会还你什么果。加上，现在的孩子本来就十分聪明，骗起大人来更是棋高一着，让人很难相信小小年纪的 TA 居然有这样高明的“演技”，心寒之余也让人反思。

在家庭教育中，爸爸言而有信，言出必行是很重要的。在这一点上，德国人就做得很好。德国人性格的特点是严谨、诚实、守信，这与德国从小就抓诚信教育和家长以身示教是有关系的。在德国的教育法中明确规定，家长有义务担当起教育孩子的职责，而家长也普遍遵守这样一个原则：教育孩子诚实守信，家长必须做出榜样。

我们中国人历来也把诚实守信作为为人处世、齐家治国的基本品质。清代顾炎武就曾写道："生来一诺比黄金，哪肯风尘觅此心。"但是有些爸爸以为孩子小，不用太在意，于是，对孩子总是随口承诺，却大多不兑现，特别是有些爸爸自己无法守信，却不断向孩子提出不许说谎的要求，自己已经给孩子树立一个坏榜样，你如何让孩子学好？

人无信不立，诚信是一个人赖以生存和发展的基石。作为孩子的爸爸，应该认真对孩子进行诚信教育，所以当你对他人承诺了一件事情时，一定要说话算数，即使某些时候可能会为了这个承诺吃亏，也一定要按照自己的诺言去做，用自己的言传身教给孩子树立一个诚信的好榜样。

好爸爸行动指南针

答应孩子的事情一定要言出必行，例如，你如果答应了孩子周末带TA到公园去玩，就一定要去。如果临时有事，也要先考虑事情重不重要，若不重要，就要坚守诺言；如果事情确实比较重要，一定要向孩子说明情况，并争取以后补上去公园的活动。而且，应该尽量避免这种推迟或失约的事情发生，这样才能取信于孩子。

7
爸爸要主动，孩子才会不被动

看《爸爸去哪儿》第一季前四集，我对天天的印象很一般，但是非常喜欢他的爸爸张亮，喜欢他和天天的相处模式。但是到了第五集，我明显感觉到张亮的光环正被天天夺去。天天在这一集里很活跃，凡事都非常的主动，对其他的小朋友也积极帮忙，也显出了男子汉的作风，我想这和张亮的影响是分不开的。

第一集中老爸们喝酒碰杯，张亮第一个主动站了起来；当天天把沙子扔到石头眼里的时候，他第一时间拉着天天去跟石头道歉；王诗龄发脾气冲着Kimi的头打下去时，张亮立刻伸出手护住了Kimi……正是他的这种主动精神，才让天天做事不被动，有了“小暖男”这个美好的称号。可惜，现实生活中并不是每个爸爸都像张亮这般。

灵灵是我同事的女儿。同事的老公是个黏性子，做事消极被动，同事老抱怨女儿被她老公带坏了。

灵灵的身体不好，每天早上，她妈妈都会逼着灵灵早早起床，到户外跑上两圈。灵灵最讨厌的就是晨跑，每日都把这事当苦差事对待，每每早晨被妈妈催促都会哭闹半天，折腾半天才心不甘情不愿地去做。在其他事情上，灵灵也是消极被动，不催促个三四回从不会主动去做。

我曾问过同事：“那灵灵的爸爸有没有主动带着灵灵晨跑过?”

同事无奈地回答：“他？算了吧，比谁都懒。”同事说，她老公从来没有主动帮她做过任何家务，什么事情非得她一再的催促才慢悠悠地去干。不仅如此，他自己的事情也非常的被动，上班这么多年，其他同事升职的升职，高就的高就，而他先生依然不紧不慢晃悠悠地在公司过着小日子，只完成自己的本职工作，除此之外一律不闻不问。

同事说，尽管他先生并没有教女儿像自己这样做事，可女儿将爸爸的作风全看在眼里，在同事有时气急败坏骂女儿如此懒懒散散像谁时，灵灵竟不慌不忙地说，“像我爸”！同事愁苦，为什么她就不能像我。

我们常常受到这样的误导，好妈妈胜过好老师；什么样的妈妈就有什么样的孩子。殊不知，真正对孩子的终生产生巨大影响的，往往不是妈妈，而是爸爸，尤其孩子做事的主动性方面，爸爸的影响更为巨大。

孩子有做事的主动性，生活就会显得积极乐观，能快速成长，并对自己的生活提早负起责任。主动性差，做什么都显得被动，容易陷入消极情绪，自理能力也难以提早建立。所以，培养孩子做事的主动性非常重要。

孩子主动性的培养最好要趁早，3～6 岁的孩子好奇心特别重，好奇心也是促发孩子学习力的一个重要因素，借着好奇心，可以让孩子主动地投入到大人的生活做一些力所能及和 TA 年龄相符的家务劳动。

作为爸爸，培养孩子的主动性和独立性，对孩子将来独立人格的树立和健康心理的建立都有积极的意义。所以，在培养孩子做事能力时，爸爸不能袖手旁观，更不能消极被动。首先你应该明白，你是一个父亲，便要有一个父亲的样子。有教育大师强调，人这一生最成功的不是自己的成功，而是培养出一个成功的孩子。作为人父，当拥有父亲这个称号后，就要努力地做出一个父亲的样子来，摒弃以往所有消极被动恶劣的习惯，让自己的生命重新鲜活起来。

无论曾经你是怎样一个人，现在你要学着去热爱生活，爱身边的人，爱一切事物，能主动去挑战一些曾不敢尝试的事务，把自己的榜样作用树立起来。而在对待孩子的问题时，爸爸要陪着 TA 一起面对，一起主动起来，面对自身问题，孩子不管怎么消极，怎么想打退堂鼓，爸爸都不能放弃。一个乐于坚持，懂得主动攻克难关的爸爸才能点燃孩子做事的主动性和积极性。

人的一生没有风平浪静，培养孩子的主动性，让孩子勇敢地面对与挑战，才能使自己慢慢地在人生的道路体会成功的滋味，使自己的人生逐渐走向成熟。爸爸便是孩子取得成功的推手。

好爸爸行动指南针

鼓励孩子在家中做一些力所能及的事情，让他学会自己洗手帕、洗袜子、洗脸、刷牙等，让孩子从最微小的事情做起，并称赞TA“做得真棒!”、“真聪明!”、“比爸爸做得好!”等，激发TA练习的欲望和兴趣，让TA学会主动去解决问题。

8

爸爸做事稳重，孩子的安全意识强

基于儿子的要求，先生曾陪着他一起看《爸爸去哪儿》。先生看电视乐于点评的习惯在这一节目中依然不曾减淡。向来细致的他在观影后说道，爸爸们的安全意识不太强，五个爸爸中只有小志林爸爸的安全意识还行。

比如节目中有一集是坐拖拉机，在有限的条件下，只有林志颖紧紧抱着 Kimi，他没有因为有摄制组的全程跟踪而放松警惕；清晨孩子熟睡时去指定地点取早饭，他不忘叮嘱工作人员照看一下落单睡觉的 Kimi。小事中能昭显一个人的做事风格，林爸爸很明显就是个安全意识很浓的人。

听先生这么一说，让我想起了一件事情。

去年冬天，有朋友邀请我们全家去滑雪，先生临时有事不曾出席。我跟儿子来到朋友家车库时，便见朋友父子二人正在擦车，朋友儿子拿着清洁器前前后后、仔仔细细、认认真真地擦拭，一看就是经常做惯的样子。等车擦拭好朋友开门让我们上车时，我惊讶于上面竟有两个安全座椅。朋友微笑说，什么都可以缺，安全意识不能缺。他的儿子一坐进安全座椅立即扣好了安全扣，同时不忘转身帮儿子系好。一路前行，因为雪的缘故，朋友开得很慢，而他的儿子也是不断提醒着爸爸要慢行细行，看到红绿灯还不忘跟儿子讲解交通安全意识。

我很好奇小家伙小小年纪怎么就有这么强的安全意识，小家伙得意地说，“都是我爸教我的。”

朋友说：“千般保护，不如自护。”他认为事故往往防不胜防，眨眼工夫，灾祸就会降临。因此，他不仅自身安全意识很高，还总是对儿子进行安全教育，以防止意外伤害对儿子构成威胁。基于他的引导和教导，他儿子完全是一个安全专家了。

现实中，很多爸爸常常认为只要自己时刻看护着孩子，就会太平无事，更有些爸爸自己做事毛手毛脚，顾头不顾尾，安全意识薄弱，更不懂得向孩子灌输安全意识。以交通安全为例，不管是开车还是步行，国内许多爸爸的交通安全意识比较弱，他们总是抱着侥幸的心理认为意外不会发生在自己身上，于是不注重对孩子进行交通安全教育，不用儿童专用座椅，甚至带着孩子违反交通规则。当看到马路上发生交通事故的时候，有的爸爸甚至带着孩子看热闹，而不是告诉孩子车祸发生时的逃生及急救方法。

在西方国家，很多爸爸十分重视对孩子的交通安全教育，从怎么坐车到怎么开车，爸爸都会认真地遵守交通安全的基本规则。当孩子违反交通规则的时候，爸爸会耐心地纠正孩子的行为，详细地告诉孩子交通安全知识，并告诉孩子发生车祸时怎样逃生、怎样急救、怎样报警等等，并且身体力行地为孩子作出表率。

我一直认为，培养孩子的安全意识比细致入微的照顾更加重要。现在不少电影电视打打杀杀的镜头很多，“英雄人物”又常常具超能力，可以刀枪不入，可以凌空飞行，孩子特别是男孩子们崇尚勇敢精神，但是孩子尚小，往往不清楚什么是勇敢，什么是鲁莽，加上孩子理解能力差，看到这些镜头会认为是可行的而加以模仿。所以如果电视中的“英雄”做了什么勇敢之举时，你要告诉孩子，这是不应该学的；如果孩子鲁莽地要做什么危险的事时，要及时想办法防止出危险，并妥善处理。

生活中的安全关系到孩子的一生，安全教育是让孩子有避害意识的教育，是让孩子明白遇到危险该怎么做，是一种积极的预防手段。你用心教孩子一些安全知识，同时注意培养孩子的安全观念，许多本不该发生的事情就可以避免，这对孩子、对家庭、对社会都是一件有益的事。

好爸爸行动指南针

现实生活中要告诉孩子，什么东西会给 TA 带来伤害。比如，当孩子要去玩暖瓶时，你要告诉孩子，开水会烫着。可以当着孩子的面，倒出少许开水，稍停片刻，让孩子摸一下，让 TA 有个感性认识；外出时，要常提醒孩子，不去危险的地方，不做危险的动作。如不要从窗台上俯身下望，不要站在窗台边，不要从阳台处向下探身，不要试着从高台上跳下等。

第四章 宝贝，原谅他吧

——爸爸培养孩子的气度

1 快乐不是因为拥有的多，而是因为计较的少

大概自己是生了儿子的缘故，对女孩有着独有的情节。所以，看《爸爸去哪儿》，就更愿意把目光定格在两位小女生身上，尤其喜欢Angela王诗龄，她萌、懂事，和小朋友生气时主动和好等等作风都让我喜欢不已，我时常在想到底爸爸妈妈对她施以怎样的教养，使她成为一个大气、快乐、不计较的孩子的呢？

面对Angela的爸爸王岳伦，一开始我绞尽脑汁怎么也想不出来这个超级“囧爸”有什么可取之处。林志颖一边忙着做菜一边给爱喝奶的Kimi泡奶粉，这是浓浓慈爱的流淌；田亮在Cindy要从高的地方滑沙时，跟在后面一直保护着女儿，这是无微不至的细心；郭涛在石头调皮的时候会严肃地训斥就此约法三章，这是父爱的严厉彰显；张亮用他厨师专业的手法为天天烹制爱心菜肴，这是一个伟岸的父亲的无所不能；而王爸爸，他梳不好女儿的头发，做的菜是一锅乱炖，他和摊主砍价可坎的价竟比摊主给的要高……种种迹象将他这位爸爸的笨拙展露无遗，如此态势怎会培养出女儿的大气和乖巧呢？

但一集集看下去，我却发现了王爸爸的一个特点，凡事不是“哈哈”就是“呵呵”，遇到他能搞定的他“哈哈”，遇到让他挠头的他“呵呵”，极少见他生气和苦恼。大概这种鲜有为某事抓狂或暴躁的行为，才是女儿王诗龄乖巧、大气、懂得照顾他人，能在跟小伙伴闹别扭后主动握手言和的完美品格形成的主要原因。

对于一个孩子来说，既有遗传的性格，也有后天培养的性格。父母如能为孩子未来着想，能够收敛尖酸刻薄的行为作风，孩子自然不会变成尖酸刻薄之人；如果父母自身大气豁然，但并不把这种气质传递给孩

子，孩子在与这个社会相处的过程中，变成尖酸刻薄之人也未尝不可能。

我们的生活质量常常因为两种态势幸福指数大大下降，一个是生气，一个是痛苦。所谓气，就是计较的多，所谓苦，就是想要的多。如果我们能以简单的心态，简单做事，简单生活，生活中大概就不会有那么多的气恼事和不顺心。

对于一个孩子来说，面对生活的态度很重要，如果总能发现生活的美，总能从消极的事物中看到积极的内容，鲜有计较别人拥有的多，自己拥有的少，那么这个孩子的生活就会简单美好很多，人生时时充满快乐和幸福。如果一个孩子总是把自己拥有的看得太重，把拥有金钱、大房子、好车、名牌服饰、父母送的贵重礼物和世界各地的旅行当成幸福与快乐的衡量标准，这个孩子的人生注定会充满不如意和痛苦。毕竟不是每一样你想要的东西总能顺着你的心意出现在你的生活里。

所以，让你的孩子有一个好的心态，能真正懂得幸福的含义是很重要的。只是大多数家长并不是把一种快乐乐观的心态根治在孩子的心里，教育孩子如何懂得知足常乐，简单生活，反而是拿金钱和物质来做幸福和快乐的衡量标准。

每一位父母都疼爱自己的孩子，恨不得把全世界最好的东西都给自己的孩子。别人的孩子有什么，自己的孩子也要有什么，而且要比别人的更好。别人的孩子学什么，自己的孩子也要学什么，以免孩子落单自卑。我就曾听到过一个爸爸这样对孩子讲："你爸爸我是最有钱的，和其他小孩比，你有最好的学习用具，最好的家庭老师，所以你不能丢人，必须给我考出最好的成绩。"我很怀疑在这样的教育下，只把眼睛盯着别人，一心想着要和他人一较高下的孩子是否能够获得真正的幸福！

其实，真正的幸福和富足，不是你拥有多大的财富，住进了多大的房子，也不是受到了多少人的追捧，而是有一颗豁达的心，拥有时不得意，没有时不失意，用自己的方式快乐地过自己的生活。有了这样的心态，爸爸们才能传递正确的人生态度给自己的孩子。

每一位爸爸需要明白的是，孩子的快乐生活应该是时时拥有一颗轻松自在的心，不管外在世界如何变化，TA 都能有一片清静的天地。而清静不在热闹繁杂中，更不在一颗所求太多的心中，让孩子放下计较，开阔心胸，心里自然清静无忧。

好爸爸行动指南针

俗话说“堵不如疏”，当孩子开始计较一些事情的时候，你要分清是良性的还是恶性的，然后区别对待。如孩子在成绩上你追我赶，这是好事，应该予以鼓励；如果孩子在吃穿上计较，则需要你去讲道理，杜绝孩子这种恶性攀比。

2

会吃亏的爸爸，孩子不“吃亏”

一日，带儿子去公园玩，在一处草坪处，几个小孩正在玩皮球，儿子看见便也欢快地加入其中。就在大家玩得正尽兴时，突然一个七八岁的小孩不知道从哪里冒了出来，仗着自己年纪大，身体壮，抢了皮球自顾自地玩去了。虽然几个小朋友跟在他屁股后面索要，可这孩子一点不为所动地继续玩他的。就在这时，皮球的小主人——一个四岁多的小女孩突然哇一声大哭起来，并眼泪汪汪地跑进她爸爸的怀抱，求助爸爸要回自己的皮球。

“就让他玩会儿吧，你已经跑得很累了，就乘机休息下吧！”女孩的爸爸说道。

“不，那是我的皮球，我为什么要给他玩！”小女孩不答应，坚决要爸爸把皮球要回来。我拉着儿子的手，好奇这位爸爸到底会怎么处理。

“爸爸答应你把皮球要过来，不过在这之前，你得听我讲一个故事。”这位爸爸亲了亲女儿的额头说道，女儿依然不依，非得要爸爸先拿回皮球再讲故事。

“但是这个故事就跟要皮球有关，等爸爸讲完，你再考虑要不要皮球好吗？要不然我担心你听完故事会后悔把皮球要回来。”这位爸爸依然很有耐性。大概是后面这几句话起了作用，女儿安静了下来。

“从前有一个叫班布的人经常在森林里安装捕兽套子，由于安装的地方是野兽经常出没的线路，每天几乎都有收获。这一天他照常去收套子，却发现一个土著人正在取套子上的兔子。班布很生气，过去和他理论，但是两人语言不通，只能通过打手势来对话。那个土著人打手势说这是他的地盘，班布不可以在这里下套。班布则说这是他下的套子，土著人不能取走他的猎物。两个人的模样都很古怪，相互看得直乐。班布想，算了，与其多一个敌人还不如多一个朋友。于是他大方地把捕兽套和套子上的兔子送给了土著人。”

小姑娘听完故事，歪着脑袋想了一会说：“爸爸，那班布不是太吃亏了，不仅没有自己的猎物，还没有了自己的工具，那他今后该怎么办呀？”

“爸爸的故事还没讲完。后来有一天，班布打猎不小心掉到了悬崖下，等他醒来的时候发现自己正躺在土著人的帐篷里，原来是土著人救了他。从此他就和土著人成为了好朋友，他们一起打猎，打到的猎物比一个人的时候多多了。你说班布做得对吗？”

小女孩斜着脑袋想了一下说道：“这么看来，他没吃亏！”

“宝贝，你要学会忍让，学会宽容别人这样才能让自己的路越走越宽，要不然你就会有很多敌人，会让你很不快乐的。现在你还想马上把皮球要回来吗？”这位爸爸爱怜地看着女儿问道。

“我知道怎么做了爸爸！”小姑娘说完从爸爸怀里挣脱下来，一路跑到了那个大孩子面前。

“哥哥，你一个人玩皮球肯定没意思，要不我们大家一起玩吧，这样才热闹呢！要不我们打比赛好不好呀？”小女孩仰着头问那个男孩。男孩大概也觉得自己一个人玩无趣，便答应了，很快一群小伙伴又热闹地玩闹在了一起。

看到此情此景，我不禁心生感慨，曾见识过很多爸爸，他们给孩子传输的信息是，“孩子，你千万不能吃亏，别的小朋友打你一下，你就要打他两下，看他还敢再欺负你”；“吃亏就是懦弱的表现”；“你一旦吃亏成了习惯，以后谁都会欺负你的”；“你的拳头就是捍卫你权利的武器”……有了老爸这样的教育，很多孩子从小就学得很霸道，动辄欺负身边小朋友，可以随意拿别人的东西，自己的东西别人碰都不能碰，一旦自己吃了一点亏，就要大呼小叫不依不饶。爸爸们也许不知道，你的孩子占了一时的便宜，可能就要吃一辈子的亏。

每个人混迹社会要的是高情商，看什么人说什么话，目光长远，多交朋友少立敌人才是立足社会之本。这个世界上没有谁喜欢给一个爱占便宜，不吃亏的人工作，也没有人愿意结交一个霸道的人为知己朋友，更不会有什么好事发生在爱占便宜的人身上。所谓你怎么对待别人，别人便怎么对待你。父母如果不懂这个道理，纵容孩子的霸道和爱占便宜行为，无疑是给孩子的未来在设立障碍。

有人说，世界上有三种人一点不肯吃亏。一种人肚量太差，吃了亏就要想不开，茶不思饭不想，好像被剜了肉一样；一种人火气太大，吃了亏就要双脚跳，轻则破口大骂，重则大打出手，把事情弄得不可收拾；还有一种人心眼太小，吃了亏就要睚眦必报，常常让别人怨声载道，让自己因小失大。这里非常赞同《爸爸去哪儿》的郭爸爸在微博里引用的一段话：“一个人要赢得另一个人很容易，那就是学会着吃亏。孩子，这个世界上没有人喜欢爱占便宜的人，但所有人都喜欢爱吃亏的人。你要想着吃亏的时候，就会赢得别人；那个懂得以更大的吃亏方式来回报你的人，是你赢得的朋友。”

我们需要教育孩子与人为善、助人为乐。孩子虽然可能吃一点眼前的小亏，但从长远看，对孩子的成功起了很大的正面引导作用。这其中的道理，值得每一个爸爸深思。

好爸爸行动指南针

孩子吃亏有时候是物质上的，比如自己喜欢的东西被人抢了，这个时候父母就要告诉孩子好东西要一起分享，让别人玩一下过过瘾吧；有时候是肢体上的，比如被别的小朋友推了、打了，这时父母要说也许对方是无心的，如果是有意，可以告诉孩子，原谅他一次，让你的孩子告诉对方，这次可以原谅他，如果有下次绝不饶恕；有时候是精神上的，比如无故被其他人骂了，父母可以告诉孩子，人的一生难免会遇到各种磨难和不顺心，不与人计较，才能让自己活得舒心！

3

你如何原谅别人，孩子就会如何原谅他人

这是我听过的最好的故事：

五岁的儿子看到来接自己的爸爸，哇一声哭了起来。

父亲不知道自己的孩子受了什么委屈，将他带到一处人少的地方询问原因。

“今天，我后面的那个家伙用木棍敲了我的脑袋，现在还疼呢！”儿子委屈地说道。

“为什么？”爸爸问道。

“抢玩具时，他没能抢过我！”儿子抽抽噎噎地说道。

“你现在很生气，很恨他是吗？”爸爸沉思一会儿后问道。

“是的，爸爸你带我去揍他，一定要把他揍扁才好！”儿子生气地大声要求。

“好，我们拿个木棍，在他脑袋上狠狠敲一下！”爸爸说道。

“好，但是还不够！”儿子依然很生气。

“好吧，我们拿把菜刀，把他的脑袋剁下来，这样解气了吧！”爸爸继续说道。

“太好了，这样最好！”儿子终于破涕为笑。

“好，回家收拾东西去！”爸爸说到这里，站起来拉起儿子就走。

“去哪儿？”儿子不解。

“如果我们把他的脑袋剁下来，就犯了杀人的罪了。我们得收拾好东西，等着警察来把我们带去监狱！”爸爸一本正经地说道。

“那是个什么地方？好玩吗？有没有玩具？”儿子天真地问道。

“不好玩，没玩具，可能连一张床都没有，我们得赶紧回去，多收

拾点铺盖，免得地上太凉睡不着觉！”爸爸说完拉着儿子急急往前走，可孩子磨蹭不前。

“爸爸，要不算了吧，我原谅他了。他打了我一下，最后我又要去那种破地方受罪太不划算了！”儿子说道。

“那你现在还生气吗？”

“不了！”

“好，回家我们吃妈妈做的香喷喷的饭菜去！”爸爸高兴地拉着孩子回家了。

有个道理再简单不过，原谅别人无疑是原谅自己，对别人的宽恕，其实就是对自己的放生。我们总说别人欺负了我们，打压了我们，伤害了我们，于是，我们钻进这种伤害里难以自拔，心里念叨为什么别人要这样对待我，我该怎么报复他。可问题是，这种无法原谅，不但是在别人伤害自己的同时，自己又在伤害自己，而且可能因为对这种伤害的无法原谅让自己陷入更大的困境中。正如故事中男孩爸爸假设的一样，因为别人打了自己一下，最终可能因为我们的无法原谅把自己送进监狱。

人是群居动物，大家生活在一起，有磨蹭，有不愉快，有不顺心是难免的，不管别人是有心还是无意冒犯了自己，我们学不会原谅，不懂得宽恕，还如何跟众人一起相处？我们的孩子从他们上幼儿园开始，就开始群居生活，如果父母自己心眼小，眼里容不下一粒沙，什么事都睚眦必报，孩子耳濡目染自不会大气，容不得别人犯一点儿错，别人对自己的伤害不管是有意无意都要揪着不放，如此，还怎么很好地跟这个社会相处，跟周边的人相处？

在哈佛大学商学院的必修课程中，有一部分专门研究非智力因素对一个人成功的影响。在这些非智力因素中，他们极为突出宽容的价值，强调宽容是成功者的必备素质，也是一个人能很好地在这个社会上生存的根本。无宽容心无疑是提高了自己失败的概率。所以，为了让自己的孩子能够在以后的人生道路上成功地走下去，爸爸们一定要培养他们多一点宽容之心。

从心理学角度来讲，孩子的宽容心主要表现为对别人过错的原谅。孩子学会宽容，就能学会尊重和理解，孩子有了宽容之心，就会形成善良的品格，能主动减少仇恨、暴力和偏执，同时还能以善良、尊重和理解来对待别人。富有宽容心的孩子往往心地善良，性情温和，惹人喜爱，受人拥护，就像《爸爸去哪儿》中的Kimi一样，因为有一个好爸爸的引导，他总能在受到欺负时，懂得怎么原谅，也最终因自己的宽容受到别人的喜爱。

好爸爸行动指南针

指引孩子客观待人，让孩子认识到每一个人身上或多或少都会有一些缺点，这样孩子很自然地就会对他人身上的缺点有一颗宽容之心。当孩子与同伴交往时，你要特别注意引导孩子用宽容的心态去面对同伴们，比如原谅他人的小过错，称赞别人的优点，庆贺同伴的成功，帮助有困难的小朋友，采纳别人的合理建议等。

4

爸爸懂得换位思考，孩子不自私

《爸爸去哪儿》第一季中的长腿老爸张亮算是大家眼里公认最完美的爸爸。记得一期的厨艺大比拼中，五个家庭获得了相同的食材，在大家都焦头烂额的时候，张亮凭借纯熟专业的切菜、拌馅动作让观众为之惊叹，但是却面临着残酷的惩罚——没有人认可他的饭菜。天天看到自己的老爸落后，居然离开了摄像师老师的镜头，就在大家以为他要闹脾气离家出走，就连张亮都误以为如此，甚至还“威胁”他，他只是无辜地说了一句：“我不是要走，我只是想自己找一个狗尾巴草给你。”这一刻，我马上被天天力挺老爸担心老爸的可爱和懂事感动了。

夜幕降临，农村的夜晚静谧温柔，张亮和天天互谈心事，同时也不忘“教育”天天一番。与我想象不太一样的是张亮这位身高马大的超级模特不是用其他老爸常用的命令方式或者批评方式来教育天天，他居然采用了换位思考和在床上不顾形象地翻来覆去，身体力行的方式去教育引导儿子，不仅仅是语言上的忠告，而是切身实际的领悟，这真是难能可贵，也难怪天天能够被称为“小暖男”，懂得谦让和分享。

说到这里，我想起先生和我说过他小时的一件事。

先生说那时他读小学 3 年级，每次出门玩的时候，他的爸爸都会让他留个纸条告诉他去哪儿了，几点回来。有一次先生出门忘记留纸条，后来又有伙伴的爸妈留他吃完饭，等他到家时已经晚上 9 点了。当他推开门时，发现爸妈还没吃晚饭，一直在等他。看见儿子回来，先生的妈妈便唠唠叨叨地责怪起来，而他的爸爸却制止了太太的这一做法，让先生赶紧洗脚睡觉。

当时先生的一个伙伴有一套小人书，是先生一直想要的，他让爸爸也给他买一套，他爸爸答应明天下班后买回来。第二天，已经吃过晚饭了，先生还不见爸爸回来，就一直站在门口心急如焚地往马路上观望，脚站酸了，眼也看花了，一直等到9点爸爸才回来。

爸爸一进门，先生就开口埋怨爸爸："爸爸，为什么这么晚才回来？也不给家里打个电话，我一直在门口等你，都快急死人了。"

先生爸爸笑着问先生："等人的滋味不好受吧，换位思考一下，昨天晚上你不也是让我们这样等吗？"

听了爸爸的话，先生脸红了起来。后来他爸爸告诉他，是故意让他等，为的就是让他换位体验一下等人的滋味。而他也是第一次从爸爸那里听到了"换位思考"这四个字。

这件事情对先生的影响很大，从此他每做一件事情都会想想别人的感受。对待儿子，也是如此。

现在很多家长认为教育孩子是一件很艰难的事情，都认为现在的孩子不好教，即使自己是从事多年教育工作，教出了许多优秀的学生，但是对自己孩子的教育却非常困惑，甚至可以说是失败的。但是我先生不这么认为，他说："会觉得孩子难教，是因为他们不懂得换位思考，自己不会站在孩子的角度想问题，孩子不会站在大人的角度想问题，应该试试让孩子学会换位思考。"

所谓换位，就是指当双方产生矛盾时，能够站在对方的角度上思考问题，思考对方何以会如此行事，如此说话。如果真的能够做到这一点的话，就能够理解对方，就能够减少很多不必要的矛盾。

解释起来容易，做起来难，现实中很多大人都很难做到这一点，更别说未能辨别是非曲直，真善美丑，什么都跟着学的孩子了。儿童心理发展过程中，特别是7岁以下的孩子，由于心理发展的局限性使他们常常以自己的需要和兴趣为中心，多从自我考虑问题，以自己的经验去认识和解决问题，很少关心别人。这是孩子心理发展的必然阶段，他们不会站在别人的角度上思考问题，往往表现出自私自利。比如，理所当然地认为家里好吃的、好玩的都应该是他的，谁也不能碰。

其实，对已经形成自私倾向的孩子，爸爸们不必恐慌，也不要感到束手无策。你要及早认识这个问题，有意识地进行积极正确的引导，才能让孩子意识到除了自己以外，还要考虑他人的感受，使其养成为他人着想、帮助别人的习惯。相信，只要爸爸们认真对待，方法得当，就能收到良好的效果。否则，一味地满足孩子的要求，而不指导他们学会分享，就会形成自私的行为方式。

好爸爸行动指南针

在日常生活中，与他人相处时，要懂得关心、爱护他人，尤其要多孝敬长辈，给孩子树立模仿的榜样，长此以往，同样的品质和行为方式就会再现于孩子身上。你还可以有意制造一些挫折，即碰钉子的机会，适时地进行教育引导，帮助孩子认识自私是不受人欢迎的行为，只有友善和互助才能赢得大家的喜欢。

5 和而不同，让孩子接受和他不一样的人

我从来都认为孩子有问题比没有问题好，有了问题，看到了问题，也就看到了孩子的优缺点，可以更加及时地教育TA，改正TA，有重点地帮助孩子扬长避短。但是有一种情况却是例外，就是我们最常碰到的朋友之间的孩子冲突，这一点让我特别地头疼。

孩子们在一起玩，打打闹闹本是平常事，特别是朋友之间，带着孩子到处走动，本意是为了让孩子有一个玩伴，但是在玩的过程中，冲突却不断出现。这些你推我打的过程让双方家长都很头疼，也常常因为孩子的冲突而闹得心里不愉快。

儿子上学后，我认识不少儿子同学的妈妈，接触多了，交流彼此的育儿经验，时间一长大家便成为了好朋友。

有一次，学校组织父母带着孩子参加一个亲子活动，先生在外地出差，只好我带着孩子参加。到了那里发现，大多数带孩子来的都是妈妈，只有五六个孩子是爸爸陪同来的。

活动期间，老师安排两个小朋友一组完成一个接力游戏。儿子被安排和他们班的女生姗姗一组。这一天，姗姗打扮很漂亮，一套粉色的蕾丝裙，头上戴着一个蝴蝶结镶钻发箍，活脱脱就是一个小公主，非常的引人注目。但是意想不到的事情发生了。当儿子过去和她打招呼的时候，她居然跑向自己的妈妈，生气地说："妈妈，我不要和他一组。"

听到这样的话，我感到很奇怪，我知道儿子在班级的人缘不错，老师和同学都挺喜欢他的，平时儿子和姗姗的关系也不错，为什么今天她要拒绝和儿子一组呢？

姗姗妈妈问道："为什么？"

姗姗撇撇嘴说："我今天是小公主，他不是小王子，我不喜欢他穿的那套衣服。"

姗姗妈妈严厉地对姗姗说："你怎么可以说这样的话？"

姗姗委屈地说："他没有和我一样穿好看的衣服，运动服根本就不是王子穿的嘛，所以，今天他和我不是一类人。"

"这就是你的不对了，穿一件衣服并不代表什么的。"姗姗妈妈生气地说。

"反正我就是不要和他一组。"姗姗委屈地哭了。

"姗姗，我们快去参加比赛吧，大家都准备好了！"一旁的儿子也不计较姗姗的那些话，伸着手打算拉她一起参加比赛。

"走开，我不要跟你一组！"姗姗突然伸手一把推倒了儿子。

这一举动最终把儿子惹急了，他站起来说："你不和我一组，我还不想和你一组，虚荣鬼！"说完，拉着我说找老师重新安排。

眼见着姗姗不合作，儿子又闹脾气，我和姗姗妈妈只好找老师协商，让老师重新安排。

事后，姗姗妈妈感到非常不好意思，来找我道歉："不好意思，姗姗被我们惯坏了。"

我倒是觉得这是孩子之间常见的矛盾，所以很能理解地说道："没关系。对于姗姗这个年龄段的孩子来说，表现得如此'无情'一点也不奇怪，因为他们已经能够注意到别人身上不同于自己的特性，有点偏见是正常的。"

确实，有研究表明，6个月以上的婴儿已经能注意到性别和种族的差异，3岁就能够对人进行分类，并且判断出哪一类人更好，5岁会把一些品德和自己认识的人挂钩，8岁会注意到社会对不同人的不同态度。此时只要我们家长注意引导，他们就会懂得如何面对偏见，开始理智地思考问题。

"哎，"姗姗妈妈无奈地叹了口气，"这孩子都是跟她爸爸学的。"

原来姗姗的爸爸是私企老板，这几年发达后，变得有点"目中无人"，为人处世开始设置"门槛"，不达到他要求的就被他划入"另类"的行列，还经常教育姗姗要和自己"门当户对"的人交朋友，无形当中，在姗姗的心里人就分成了三六九等，只要是她认为的不是和自己一类的人，就被划入拒交的行列。比如，没有自己漂亮的，成绩没有自己好的，零花钱没有自己多的，想法和自己不一样的，她都拒绝交往。

从姗姗的表现，我想到了《爸爸去哪儿》那些明星宝宝。

堪称“80后育子样本”的节目《爸爸去哪儿》，让关于亲情和爸爸的话题不断发酵。作为《爸爸去哪儿》的忠实粉丝，我很少在网络上发表自己的看法，但是对每一期节目可谓是了如指掌。纵观这么多期的节目，我发现五个小萌娃身上都有一个很好的品质，他们能够接受不一样的环境和人。

试想，我们大人有时出远门都会水土不服什么的，但是这么小的孩子全国各地到处跑，还要去完成任务，真的很不错。而在完成任务的过程中，他们需要接触形形色色的人，但是他们并没有像姗姗一样表现出自己的偏见，相反对每一个都很有礼貌，很真诚，真是难得。

明星的孩子与所有的孩子都一样，一样调皮，一样热情，一样耍赖皮，一样坚强，一样聪明，一样可爱。在他们几个小朋友的身上，我们看到了所有同龄孩子的共同点。在孩子们的表现中，我们看到了孩子们面对不同的生活环境和人表现出来的极强适应力和宽容力，而他们这些优秀品质的后面都站着一个优秀的爸爸，他们的爸爸以身作则地尊重和接纳身边的人和环境。

孩子长大后面对的世界是多元化的，爸爸们在对孩子进行教育时，应尽力帮助他们改变偏见，塑造具有宽容性的性格。

当然宽容不仅体现在对人的态度上，也表现在对物和事的态度上。作为爸爸应该像《爸爸去哪儿》的爸爸们那样，引导孩子见识多种事物，让孩子喜欢并乐意接受新事物，承受事物所发生的意想不到的变化，善于知变和应变。如让孩子了解各种奇观，奇迹，观察生活日新月异的变化，允许孩子独辟蹊径地解决问题。孩子一旦习惯于纳新和应变，TA对世间的万事万物也就具备了宽容之心。

宽容，是健全人格的必备素质，只有学会宽容的孩子，才会懂得理解和尊重他人，才会有爱人之心，有容人之量，成为一个识大体，顾大局，受人欢迎的人。

好爸爸行动指南针

现实生活中你应该帮助孩子认识自己与其他人在哪些方面存在差异，例如别的小朋友可能比他矮，比他胖，戴眼镜，不擅长跑步，家庭条件没有自己好等等，不过却可能学习更刻苦，劳动更积极，更乐于助人，更诚实守信等等，然后将这些特征进行比较，告诉孩子一个事实：每个人都有着自己的特征。不要因为看到别人与自己的差别就认定别人比自己低一等。让孩子学会与他人平等、真诚地交往。

6

经常帮助别人的老爸，孩子会助人为乐

儿子在一篇作文里写道：

“有一次，我和爸爸吃完早餐去公园玩，路上有一个叔叔向爸爸问路。爸爸耐心地告诉了那个人路线，但是那人还是不知道怎么走。爸爸想了想说‘我们要去公园，离你要去的那个地方挺近的，要不我带你过去吧。’爸爸说到做到，真的把那位叔叔带到了他要去的地方。那位叔叔非常感谢爸爸，爸爸很高兴，我也很高兴。通过这件事，我立志要像爸爸学习做一个助人为乐的人。有一天我看到张阿姨的女儿乐乐在哭，我走过去把自己的玩具塞给她，对她说‘别难过，我给你讲大灰狼的故事。’乐乐果然不哭了，还认真地听我讲故事。能够帮到乐乐，我感到很高兴。爸爸说得对，帮助别人真的是一件快乐的事情。”

看到儿子的这篇作文，我很惊讶，爸爸的一些行为原来对孩子的影响如此巨大。说爸爸怎么做，儿子也怎么做真一点不为过。当一个孩子养成助人为乐的品性时，他们自然也会更喜欢那些跟自己一样品性的人，而不会跟自私自利的人为伍。儿子就是这样。

某日，儿子正在看《爸爸去哪儿》时，突然兴奋地跑来对我说道：“妈妈，我最喜欢《爸爸去哪儿》里的 Cindy 啦。”

“为什么?”我很好奇地问。

“因为她也喜欢帮助别人。”儿子回答。

确实，Cindy 这个“怪力小萝莉”，总是风一样地奔跑，帮其他人。有一期节目中，孩子们去找食材，她总是跑来跑去帮助王诗龄提菜篮。

“那你喜欢田爸爸不?”我问儿子。

儿子回答：“喜欢，田爸爸也喜欢帮助别人。”

在山东荣成，田亮父女住在有老奶奶的房子里，田爸爸做饭，将照顾房东老奶奶的任务交给 Cindy，Cindy 乖巧地照顾老奶奶；五个老爸去比赛划船，到水中心领食材，田爸爸第一个到达，不料没能把握住平衡，掉到水里，可是即便拿取艰难，可他并没有独占来之不易的食材，反而大方地将篮子里的鱼给了张亮。正是田亮身体力行地告诉女儿要照顾别人帮助别人，Cindy 才能够热情地去照顾别人，帮助别人，与人分享。

生活中爸爸的行动会是孩子的一面镜子，爸爸以身作则，为孩子做出榜样，孩子耳濡目染，日久天长也会养成自己的良好行为习惯。如爸爸和邻里之间互相关照；照顾孤寡老人的生活；别人遇到困难时给予帮助，哪怕在公共汽车上给人让个座。这种教育的作用是潜移默化的，将会收到润物细无声的效果。

现在的孩子，在家庭中处于中心地位，大小事情往往以他们为轴心。结果，家长们忙得不亦乐乎，孩子却缺乏关心他人帮助他人的意识，这对孩子性格的发展、健康心态的形成十分不利。孩子从“我”的意识到“你”“他”是思维发展的一个飞跃，从满足自己要求到学会关心、帮助他人，则是道德意识的升华。你从小在孩子心灵中播下关心他人、助人为乐的种子，是发展孩子的健康心理，培养开朗、宽厚、善良性格的重要基础。

助人为乐还可以让孩子从帮助别人的过程中发现自己的价值。他们的帮助、付出，使对方的困难得以解决，自然令孩子有一种成功的体验，从而感到满足快乐，正如歌德所说：“你若要喜爱你的价值，你就得给人创造价值。”所以说，每个人在帮助别人的同时，实际上也是在帮助自己，在帮助别人的同时，自己的知识和技能得以提高，又能得到他人的积极评价。“送人玫瑰，手留余香”，是善举，是美德，怎能不快乐呢？

因此爸爸们记住了：一句“你有困难吗？我来帮助你”会使孩子变得爱帮助他人，生活将变得更快乐和充实。

好爸爸行动指南针

想要孩子助人为乐，首先你要教育孩子体贴他人，如：大人休息时，告诉孩子动作要轻，不要影响他人的休息；妈妈下班回来，让孩子备茶递水；在公共汽车上，要让孩子将座位让给老人和比自己更小的孩子；引导孩子帮助自己周围的人，如果邻居大爷、大娘需要人帮忙，到小铺跑一趟买点东西，叫自己的孩子主动帮忙去跑一趟；当小朋友有困难时，告诉孩子要主动帮助他们。

7

告诉孩子“饱满的稻穗会低头”

从北京灵水村到宁夏大沙漠，从云南普者黑到山东鸡鸣岛，从湖南白寺村到黑龙江雪乡，《爸爸去哪儿》第一季几个地点的选择可谓煞费苦心，让明星爸爸和明星宝贝们体验了不同的风土人情，于是，在看5个小宝贝们卖萌，体验他们和爸爸之间浓浓父子情的时候，更是激发了很多爸爸妈妈想要带孩子来一场“亲子游”的冲动。儿子看了以后更是不止一次地表示希望我和他爸爸能够带他到这些地方旅游，体验不同的生活经历。于是，在儿子假期时，我跟先生抽了几天时间，打算去先生老同学的老家进行一场异地旅行。

先生的老同学有一个女儿叫彤彤，今年7岁，非常的乖巧可爱，舞蹈跳得很不错，亲戚朋友、邻居都很喜欢她，也常夸奖她。可是，有一点不好，她太骄傲、自负，总是瞧不起别人。做任何事都不能说别人比她强，否则就不满意，会生气、耍小脾气。

看来这次旅行儿子要面对的是一个傲慢的“小公主”了，我开始有点担心两个小家伙会相处不好。但是接下来的旅程证明是我多虑了，两个小家伙一路上有说有笑，其乐融融，在儿子面前，她并没有表现出非常优越的感觉。正当我以为先生对彤彤的评价是道听途说时，问题很快就来了。

彤彤爸爸的老家在一个山水秀丽的小村庄，相邻看见当年村里的状元归来，都出来看热闹。当彤彤爸爸让彤彤和这些朴实的村民打招呼时，彤彤撇撇小嘴傲慢地站在一边说：“我才不要呢，这些人土死了。”

农村里有很多小朋友，看到大城市来的两个小伙伴，都涌过来好奇地看着儿子和彤彤，我们便让两个孩子跟这帮小孩一起玩。儿子倒是不介意，让那帮孩子带着他去找他们觉得好玩的地方玩，而彤彤则嫌弃地看了他们一眼说："我才不要和他们玩，他们都是土孩子。"眼见着没人理她，她又受不了这种冷落，跑去拉着儿子让她跟自己一起游戏。但没一会儿，彤彤就大声哭起来，原来是有个小孩不小心撞了她一下。

"你们城里的小孩就是娇气。"那个孩子做了个鬼脸，"娇气，娇气。"说完，身边其他的小孩跟着起哄。

彤彤很生气："我们家有的是钱，你们别得意，我要让爸爸把你们全都买下来，到时候看你们还敢不敢欺负我。"

听了彤彤的话我大吃了一惊，彤彤爸不好意思地笑了笑。后来，我才知道彤彤爸爸妈妈都很忙，平时都是保姆照顾，对彤彤是百依百顺，彤彤要什么给什么，给的零花钱也比其他小朋友多，渐渐地彤彤就认为自己家里有钱，什么事情都可以用钱来解决，常常表现出"目中无人"的样子，经常说的一句话就是"把你们全买下来"。

接下来的行程我发现彤彤爸只会一味地骄纵她。她嫌弃农村路难走，彤彤爸马上就背着她；她嫌弃农村的小孩脏，彤彤爸就叫她不要和他们玩；彤彤嫌弃饭难吃，彤彤爸就拿带来的零食给她吃……

我知道现实中像彤彤这样的孩子很多，而他们身上的这些缺点多半是由于成人教育方式不当所引起的，就像彤彤爸爸。无论是孩子的自理能力差，还是孩子的意志软弱、自负心理严重，他只会过分溺爱孩子、保护孩子。

另外，自负性格的孩子还会受后天的榜样影响。孩子在生活中，很容易学习父母特别是爸爸的行为和性格，有些爸爸由于自身条件比较优越，总是表现出一副洋洋得意、目中无人的神态，经常会流露出对他人的不屑。如他们经常议论他人的缺点，说某某不如自己。孩子听到这些话，也会仿效，只看到自己的长处，而嘲笑和看不起身边的人。

榜样的力量是无穷的，爸爸妈妈是孩子的第一任教师，是孩子效仿最直接的榜样，特别是爸爸对孩子的示范作用是巨大的，爸爸应该成为孩子高尚人格的榜样。要谦虚友善，要低调沉稳，不要在孩子面前表现出自负情绪，以为自己很成功很有钱很会处理人际关系就觉得自己了不起，你要明白越是饱满的麦穗头压得越低。无论拥有多少，依然能谦和友善对人，不膨胀不自负那才是优异之人。

从彤彤身上，我还发现一个问题，物质上的过度满足和他人的过度夸奖，也会让孩子产生骄傲自负的性格。物质上的过度满足，就像彤彤，她家庭条件好，自然而然吃的用的也比他人好，就是这样过多的物质奖励强化了她的沾沾自喜和自傲自大。而别人的评价会是一面镜子，很多孩子都会通过别人的评价来认识自己，如果小时候听到的夸奖过多，孩子就会想当然地认为自己没有缺点，是一个完美的人。

所以爸爸们要注意，不要给孩子太多的夸奖和物质鼓励，告诉TA，山外有山人外有人，比TA优秀的人还很多，让孩子看到外面纷繁复杂的世界，接触到比自己更优秀、更具专长的人；告诉TA，现在的生活条件是爸爸妈妈创造的，TA其实和其他小朋友一样没有什么特别的地方。爸爸要观察孩子的心态和行为表现，发现不良苗头，以身作则及时教育，消除其骄傲自大的不良心态。

好爸爸行动指南针

如果你发现自己的孩子骄傲、爱虚荣，当TA成功地做了一件事，要让TA知道理所当然，尽量不在众人面前猛地夸奖TA。当别人夸自己的孩子时，你应转移话题，或加以制止。另外，在家庭中，要把孩子当作普通一员，不要让他成为“中心人物”，家里来了客人，除了正常的礼节外，你不要让孩子过多地表现自己，更不要在客人面前一味夸耀自己的孩子。

第五章 父爱如山，父形如树

——爸爸决定孩子性别特色的发挥

1

好爸爸跟男孩“动手”，跟女孩“动脑”

一次生日，先生送了我一束玫瑰花，刚好表姐的女儿妞妞也在我家。我刚把花插好，两个小家伙马上好奇地凑了过来。我警告他们：“离花远点，不要动，上面有刺，会扎到你们。”不说还好，一说就勾起了儿子的好奇心，趁着我不注意，儿子伸手就把一枝玫瑰花抓在手里，得意地笑，妞妞则是紧张地望向我这个方向。

我怕玫瑰花上的刺刺到儿子，便责令他把玫瑰花放回花瓶，他只好无奈地照做，等我一转身他又拿起玫瑰花把玩。我生气走上前，想要批评儿子，先生却阻拦了我，示意这件事情他来摆平。

先生走到儿子和妞妞跟前问：“看见这花很好奇是不是？”

两个小家伙点点头。

“好，那我允许你们摸摸它。”

先生的话刚说完，儿子就迫不及待地伸手去摸玫瑰花，妞妞则有些害羞，呆在一旁没有行动。

“爸爸，我摸到玫瑰花的刺啦！”儿子兴奋地喊道。

“你再用手碰碰那刺，看看扎不扎人。”先生说。

儿子又照做。“哎哟，”儿子大叫一声，“刺很尖，扎疼我的手啦。”

“所以妈妈没有骗你吧。”先生问，“那你以后还抓不抓这玫瑰花了？”

“不抓了。”儿子乖乖地回答。

对待儿子先生很崇尚“体验式”教育，比如儿子把玩具拆开，我经常是说他不懂得珍惜，而先生则会和儿子一起拆玩具，满足儿子的好奇心，然后再教儿子把玩具装好。他认为要跟男孩多动手，这样才能让他学到东西。

“这么漂亮的花为什么要长刺呢?”始终站在一旁不敢碰玫瑰花的妞妞问道。

只见先生耐心地回答：“玫瑰长出十分锋利的硬刺，这样可以避免动物和鸟类把它们吃掉，是为了保护自己的叶、花和芽的，这是植物的一种自我保护能力。自然界有很多植物和玫瑰一样用刺保护自己，你动脑筋想一想，你身边有没有这样的植物?”

听完先生的答案，妞妞想了想说：“月季、蔷薇……还有仙人掌。”

“妞妞真聪明。”先生夸奖了她，“但是你再仔细想想月季、玫瑰和仙人掌有什么不同?”

在先生的启发下，妞妞开始和先生一起研究起生长环境对植物的影响，两人聊得不亦乐乎，一旁的儿子则一会儿说要种这些植物，一会儿则说要去这些地方。

也许有爸爸会认为我先生的这是多此一举，孩子还小，不论男孩女孩区别都不是太大的，何必跟男孩一套，跟女孩一套。其实不是这样的，男孩女孩从小不论在生理、心理上都有着很大的差别，比如，男孩注意某一物体的时间比女孩短，但态度更为积极；男孩空间结构能力强，比女孩更熟练组合搭建块状物品；女孩能更准确地读懂别人脸上的表情；女孩大脑颞叶上的神经链接比男孩更强，使她们有更大的记忆储存量和更好的听力……也正是出于男孩女孩这些不同的发育特别，我先生一直坚持男孩女孩要区别对待。

有人做过实验，用一件玩具去分别逗引男孩和女孩，发现男孩喜欢拿着玩具敲敲打打，甚至拆开来看个究竟。这并不是说男孩子天生就有破坏力，而是他们想通过自己的行为，了解玩具的内在原理，他们对物品比较感兴趣，乐于接受新玩具、新事物；女孩则会专注地看着拿玩具的人而不是玩具，她们天性爱观察人，喜欢盯着人看，对新事物比较后知后觉，还抱有畏惧心理，态度矜持，总要先观察上一阵，等人演示后才会动手去试，天生心理感受比男孩丰富、细腻，更善于语言沟通。这种差别是先天如此还是后天培养，是生理因素还是环境的因素，没有人能够确切地说出原因。

当然，不论是男孩还是女孩在智商上没有什么高下，没有哪一种性别更聪明。男孩和女孩应该受到平等的对待，但这并不意味着必须用相同的方法对男孩和女孩子进行早期教育。

因此，身为一个好爸爸就要发现男孩女孩之间的不同，让男孩子用自己喜欢的方式去触摸、去看、去寻找答案；让女孩多去思考，用她们出色的注意力和记忆力丰富自己的知识，打开世界的奇妙之门。

好爸爸行动指南针

男孩和女孩有着不同的发育特征，因此爸爸们要“因材施教”，比如男孩子最擅长运动、动手操作、使用计算机、参与体验，你应该给他广阔的空间和奔跑的场地，尽量多给男孩自主创意的机会，赞美他的作品，鼓励他的突发奇想、异想天开；女孩擅长的学习方式是语言的沟通，你应该多和女孩聊天，鼓励女孩阅读，剪贴，开动她们的脑筋对身边的事物进行观察、分析、分类等，让她们运用自己的记忆优势丰富自己的知识库。

2

性别的秘密在衣服的颜色里

有心理学家曾向多位父母发起这样的询问：男孩、女孩要不要区别教育？父母的回答五花八门，有的说有区别，男孩的教育要豪气一点，女孩子的教育则要矜持一些；有的说越早帮孩子进行性别定位越好，否则孩子会有性别错觉，对小孩子心理发育不好；有的说孩子还小，用不着区别对待，等孩子大了以后再说……询问中，大多数的爸爸比较趋向于“用不着区别对待”这个说法。

那么真是如此吗？我想到了一位拥有一儿一女的爸爸的感想。

这位爸爸很幸运，他的老婆生了一对龙凤胎。既然是双胞胎，他给两个孩子准备的东西都是一模一样的，一模一样的衣服，一模一样的被子，一模一样的玩具……他曾坚定地认为小男孩和小女孩之间区别不大的，特别是双胞胎，但是随着孩子的成长他对自己的观点有了疑问。因为不到两岁他的女儿就开始抱怨她的小袜子上没有小红花（他从来没有告诉过女儿带花的袜子更漂亮），而他的儿子则开始拒绝穿红色的衣服。随着孩子的成长，他的观念更是被彻底推翻了。

他一直坚信自己的教育一定可以让儿子与众不同，不会像其他小男孩那么的调皮捣蛋。他不给儿子买玩具手枪，不让儿子看有暴力镜头的电视，不给儿子买任何和打架有关的玩具，但是他的儿子还是喜欢一些打斗的游戏，甚至在吃水果的时候会把香蕉当手枪来玩。

事实正如这位爸爸所说的那样，从妈妈受孕之日起，爸爸决定性别的那条染色体就决定了孩子们的未来，不同的性别也就出现了不同的表现，就如古老的童谣所说“女孩是用糖、香料和一切美好的东西做成的；男孩是用剪刀、青蛙和小狗尾巴做成的。”所以女孩安静、合作、甜美，喜欢糖、香料等一切美好的东西；男孩调皮、捣乱，喜欢一切动的有冒险性的事物。

针对儿子和女儿的表现，这个爸爸很困惑地对我说："现在我知道性别教育很重要，我不喜欢我的孩子长成什么'中性人'，但是两个小家伙长得一模一样，还有共同的心理感应，我真不知道要如何去帮助他们区分性别。"

相信这个爸爸的困惑一定也是很多爸爸的困惑：孩子还小，吃的差不多，穿的差不多，看起来也并没有多大的差别，要如何进行性别差别教育？

那么，想要解答这个困惑，就要先了解孩子的性别意识发展过程：孩子4－12个月能够根据声音、发型简单地区分出男女；14－22个月时，男孩就表现出对汽车卡车的偏爱，女孩则喜欢洋娃娃；2－3岁，几乎所有的孩子都能够正确地说出自己是男孩还是女孩，喜欢与同性接近和玩耍，也会注意到异性与自己的不同之处；3－7岁，性别差异进一步表现出来，比如男孩表现出更多的攻击行为，女孩更善于表达情感，他们越来越稳定地选择同性作为玩伴，对待异性常常不像对待同性那么友善，尤其有趣的是这个年龄段的孩子对性别角色的遵守近乎刻板，认为逾越性别角色的行为是不能容忍，比如男孩绝对不会去玩洋娃娃；8岁到青春期，孩子们性别角色的认识开始变得灵活，不过男孩依然更偏好于男性特征的游戏和玩具，女孩则开始显现对男性化活动的兴趣。

因此说性别差异一直贯穿着孩子的一生，性别教育应该从小做起。如果爸爸从小借机对孩子进行性别教育，让孩子慢慢了解性别角色，会有效地促进孩子性心理的正常发展。

美国家庭非常重视孩子的性别教育，比如一开始，为了分辨婴儿的性别，通常给男孩穿上蓝色的衣服，给女孩穿上粉红色的衣服，他人通过衣服一眼就可以知道孩子的性别。反观我们中国的父母，特别是一些爸爸，对孩子的吃穿用度往往"漠不关心"，比如不注重区分男孩女孩衣服的颜色，不注重玩具的差别，不注重男孩女孩家具的颜色等等，常常让身边的人有分不清孩子性别的尴尬。我就有好几次将别人的女孩错认为男孩，将男孩错认为女孩的尴尬经历，以致我现在再遇到孩子，再也不主动说孩子的性别了，都是用“小家伙”、“小朋友”等模糊性别的称呼来打招呼。可见性别教育并不是什么难事，它很简单，就蕴藏在我们日常生活中，比如一件衣服、一个玩具、一种游戏，都可以成为很好的性别教育。

爸爸们要明白，虽然遗传决定着男女的性别，但是性别角色的形成则是从孩童时期受到社会影响、父母教育的结果。通过性别角色教育，孩子能够明白自己所担负的责任，认清自己想要成为一个怎样的人，并且懂得如何形成和完善自己的人生观和价值观，如何尊重差异性以及与他人良好相处的准则等。而男女在社会上的区别，也决定了不同性别的孩子从小就应该接受什么教育，这样才能适应社会的发展，男孩女孩的性格发展也取决于此，特别是当今社会，当我们面临着一个个“春哥”和“伪娘”时，更是需要爸爸们进行深思和重视。

这里我还要提醒一些“偏心”的爸爸们，比如，有的爸爸喜欢女孩偏偏得到了一个儿子，就将儿子当成小女孩养，或者反过来把小女孩当成儿子养，这样的做法是非常不对的，容易让孩子发生性别错位，从而对孩子今后的行为、性格产生不好的影响。因此，爸爸们不可主观地认为一种性别好另一种性别不好，这样会在与孩子的接触、交往中不知不觉地流露出来，对孩子造成不好的影响。

好爸爸行动指南针

你可以坚持给孩子穿适合他们性别的衣服，给孩子玩以性别为基础的玩具，使孩子在我们的期待、暗示、引导中逐渐形成正确的性别角色观念。

3

合格老爸带男孩冒险，带女孩跳舞

《爸爸去哪儿》在一期节目中，安排了换爸爸，郭涛带 Kimi，林志颖带 Cindy，张亮带 Angela，王岳伦带石头，田亮带天天。不得不说剧组的这种安排真是“煞费苦心”，让林志颖和张亮这两个没有带过女孩子的爸爸尝尝带女孩的滋味。而节目中，两人也表示面对女孩的压力。不过这里我不得不表扬张亮在顾及到女生的隐私和安全感时做得非常好，他知道给 Angela 换裤子的时候要在被窝里，并且不睡一个被窝，和 Cindy 一起睡的时候也保持了一段距离，非常细心“懂事”的好爸爸！

确实对很多爸爸而言，带女孩和带男孩有着天壤之别，我家先生通过自身实践后更是有着深刻的体会。

这几天表姐家的妞妞住在我家，这让先生过足了带女儿的瘾（他一直希望自己能有个女儿）。

妞妞比儿子小半岁，平时胆子很小，尤其到了晚上，如果大人在她没有睡觉前离开房间或者把灯关了，她就会吓得大哭起来。她妈妈总对她说要她学男孩子那样勇敢点。来到我家后，妞妞发现儿子的胆子比她大，但是儿子没有扎头发，她便认为只要自己把头发一样剪短就能够成为男孩子，胆子就大了。

于是她天真地对先生说：“叔叔我想剪掉自己的小辫子，并且要把头发剪得跟那小哥哥一样，很短很短，这样我就能像小哥哥一样变得胆大。”

听到这话先生有点哭笑不得，他安慰妞妞说：“你是小女孩，胆子小点没关系的哦。”

“但是，我想变得和小哥哥一样勇敢。”妞妞还是不甘心。

"小哥哥勇敢，是因为叔叔经常带他去冒险。你喜欢冒险吗?"

妞妞摇摇头："我喜欢跳舞。"

"这就对了。"先生笑了，"你是小女孩，小哥哥是小男孩，擅长的东西当然也就不一样，比如小哥哥胆子大，而你会跳舞。"

"那叔叔你会和我跳舞吗?"妞妞天真地问。

先生点了点头："会的。"他说完还真的在电脑上找出了舞蹈视频，领着妞妞在书房里跳了起来。

事后，我问先生："你觉得是女孩好带还是男孩好带。"

先生想了想说："都好带，只是性别不同，要发挥孩子的性别优势，针对的方法方式需要不同。"

我笑笑，说他还一套一套的。

先生笑言："因为你是育儿专家，我学也学了不少。"

"要不你说说看!"我笑着问他。

"好，那我就跟你说说，比如换尿布这个看似简单的事情，其实大有学问，如果是女孩，爸爸妈妈会花更多的时间逗她说话，逗她笑，会用表情和语言解释眼前的事，比如会说'尿布好臭哟，咱们把它换掉吧'之类的话；而在给男孩换尿布的时候，爸爸妈妈却很少说他们正在干的事情，而是说过去的事情和将要发生的事情。你别不信，父母对孩子传递的信息的内容就是这样非常具有性别色彩。"

先生所言确实如此，就拿我儿子和妞妞来说，不同的性别就有着不同的情感特征，而父母的教养就得区别以待。早上，先生和儿子、妞妞叠星星。先生问他们："我这里有 4 颗蓝色的星星，你们想想看我要加上多少颗绿色的星星才能变成 10 星星?"

妞妞听完先生的话马上开始摆弄手中不同颜色的星星，数出 4 颗蓝的，然后找绿的，最终确定 6 颗。儿子想也不想，马上说道："4 颗。"

先生摇摇头。

"5 颗。"儿子接着回答。

先生还是摇头。

"6 颗。"

这次先生点头了。

妞妞和儿子不同的表现，就充分显示了不同性别的孩子的差异。妞妞认真仔细地排出了10颗星星，儿子发挥想象，做出各种猜测，因此可以证明男孩和女孩的学习方法和思维方式是截然不同的，比如女孩情感丰富，擅长与人交往沟通，敏感、乖巧；男孩擅长抽象思维，活泼、好动。

随着孩子的成长，这种天生的性别差异会对孩子今后的学习和生活产生影响，并不断地强化。反过来，学习的本身也在改变着孩子大脑机能的发育。当孩子在玩耍和学习的时候，相应地，脑细胞就会更加的活跃，并且随时更新，而那些不经常使用的部分将会逐渐退化萎缩。

因此，这里我要提醒各位爸爸们了，不管男孩和女孩的差别是先天形成还是后天培养，是生理因素还是环境因素造成的，爸爸有意无意地给男孩和女孩不同的教养方式和鼓励，对他们的不同成长优势都会起着显著的作用。

好爸爸行动指南针

科学家发现男性荷尔蒙让男孩动个不停，他们的世界充满动作，喜欢探险和新奇的东西，因此你可以带男孩参加一些新奇带有探险性质的游戏，比如登山、公园寻宝、警察抓小偷等活动。由于的大脑差异，在精细动作的发育上，男孩要比女孩慢，女孩更加心灵手巧，因此你可以带女孩参加唱歌跳舞、写字画画等活动，促进她们的性别优势成长。

4

爸爸"强势"了，儿子才能"纯爷们"

如今，存在比较严重的阴盛阳衰现象。目测大街一隅，你将时常所见戴着发箍、绑着马尾或长发飘飘的男人，他们时髦，喜欢打扮，香粉秀发、耳环钻饰、羽帽彩履，凡是女人喜欢穿戴的东西，在他们身上都能看到。不仅如此，有些男的说话甜腻腻、开口娘娘腔，更是被尊为"伪娘"。而女人，帅气男生打扮，纯爷们作风的也是比比即是。更令我担忧的是现在的小男孩也有这种"弱化"趋势。

某日，一位妈妈带着他的儿子找到我。那孩子穿着大红色的T恤，怯生生地躲在他妈妈身后。那位母亲看起来很是愁苦，说自己的孩子胆子太小，甚至小过一般的小姑娘，喜欢发带、丝巾之类的东西，总喜欢跟女孩子一起玩，她担心孩子这个样子，以后会有爱上同性的倾向。于是，请求我给她一些让她儿子能变得阳刚的建议。见她也不避讳孩子的这些缺点，我也开门见山地说道：

"你儿子说话带点'娘娘腔'，从发展心理学的角度看，我认为西西阳刚不足而阴柔有余，有女性化的倾向。孩子出现这种问题，我想跟你的教养肯定脱不开关系，首先你可能更喜欢女孩，所以从小将你的儿子像女孩一样养；其次，你家先生大概很少参与孩子的教养。"

听我这么说，这位妈妈惊讶地看着我，最终她点头说，确实如我所言。

"其实你也不用太担心，这个问题可以交给你先生。"我建议说。

"他爸爸？"西西妈妈露出不屑的表情，"算了吧！"

显而易见，这是一位强势的妈妈，在家里一切可能她说了算，爸爸是没有发言权的。但凡先生跟儿子做出违逆她的行为举止，她就要严加制止，尤其她让先生一切顺着她的意思，她说东，先生绝对不敢往西，她说西，先生更是不敢往东了。这一切自是被她的孩子看在眼里，母亲的霸道，父亲的懦弱，让孩子的胆子越来越小，阴柔的一面也在不知不觉中滋生了出来。

"如果你真的想要一个刚强健康的男孩，就不能忽略你先生的作用。让你的先生在你儿子面前变成真正的男子汉大丈夫，你儿子的问题也就真的解决了。"在她离开时，我这样说道。

和西西妈妈一样，由于很多家长对性别教育知之甚少，更谈不上对孩子进行性别教育了，再加上爸爸的缺席，常常诞生了很多泼辣女孩和细腻敏感男孩。确实，如果你把一个男孩用女孩的方式养育，他长大后就会有许多女性的行为。同样，你把女孩当成男孩培养，她的行为怎么看怎么像个男孩。这证明，教育在其中起了重要的作用。而在男孩教育上，爸爸的作用更加明显。

《爸爸去哪儿》第一季五个孩子中，我认为石头是真真的小男子汉，节目开始到结束都没有掉过眼泪，他手绑着绷带在镜头前活蹦乱跳，他被天天不小心扬了沙子进眼睛也没有埋怨，他负责照顾弟弟妹妹，他像个小大人走南闯北……我们在看到石头这个小男子汉时，更应该看到郭爸爸这个大男子汉。郭涛作为西北汉子，对石头的教育是"爷们儿"式的教育，他会给石头讲道理，让他有什么事就当面说，不要像女孩子一样唧唧歪歪。在郭涛的教育下，石头这个当哥哥的的确有担当，多次率领弟弟妹妹们一起完成任务，主动承担很多事情，受伤了也不会哭闹，成为很多人眼中的"小硬汉"。

所以孩子很需要一个好爸爸做榜样，父亲的勇敢、坚强、果断，有利于男孩"刚"的性格形成，刚柔相济才是健全的人格。

只是在现代家庭中，许多父亲将越来越多的精力用在工作上，或者妈妈太过强势，不让先生有发言权，如此，爸爸在孩子的教育上投入的时间就会比较少，于是妈妈母性的温柔潜移默化地影响着孩子，使小小男子汉应有的阳刚之气悄然离去，加上有些妈妈对孩子的生活照顾得过分周到，对孩子管教得过分细致，导致孩子的生活能力得不到锻炼，男孩子的性格变得女性化。于是，他们不敢说，不敢做，不敢冒险，不敢表现自己等等。

因此，想要把自己的孩子培养成小男子汉，作为爸爸首先就要成为一个顶天立地的人。身教重于言传，爸爸在男孩成长过程中的作用不可小觑，每一个眼神、每一句话、每一个举动都会被男孩无形吸收。每位男孩的爸爸都应该意识到，自己就是儿子的模板，如果希望“复制”出让人惊叹的结果，就要先把自己刻画得精细些，如你拥有强健的体魄，行侠仗义、保护弱小、尊重女性，那么你一定会是孩子的“好模板”。

在小小男子汉的培养过程中，除了“模板”要好，对待孩子的方式也是非常重要的。你应该有意识地给孩子创造一定的独立空间：游戏中，应该鼓励他独立自主，游戏可以激烈些，带点冒险色彩，以便培养他坚强、乐观的品质；让他从小学会遇事承担后果，成为一个有担当的男子汉；当他有反抗意识的时候，不要压制他的反抗，观察、思考和理解他反抗后面的心理原因和意义，找到缓释和解决的办法。

总之，爸爸多参与孩子的教育问题，在孩子的成长过程中，让父母与孩子需要相互形成一种情感三角，这样才能使家庭关系得到平衡，孩子才能够健康成长。

好爸爸行动指南针

对待男孩，你可以选择用鼓励的方式培养他的男子汉气概，比如用自己的实际行动去影响孩子，带孩子参加一些比较激烈的游戏，培养孩子的竞争意识和勇敢精神；孩子爱哭，你可以说“你是男子汉，不能总是用眼泪解决问题”；如果孩子有了勇敢的表现，你就称赞他，奖励他。这样的方式，可以让孩子在学习过程中自然而然地意识到性别与行为的关系，从而有益于他们的成长。

5

好爸爸把女儿“宠”成“小公主”

因为《爸爸去哪儿》Angela这个甜妞赢得了一大批的粉丝，更是成了很多人眼中经典“小公主”形象。而王爸爸的教育方式也被很多人认可。

对待Angela王爸爸是满满的心疼和理解。当记者问到Angela任性时，他说看她闹情绪，要去知道原因，好好地安抚跟解决，不要吓着她。显而易见，他是个很懂得宠孩子的好爸爸。而他们之间的父女情更让我很感动，Angela去拿食物，拿了太多以致拿不动，追其原因不是她贪，而是拿了好多爸爸爱吃的辣椒。当王爸爸说自己做饭不好吃，Angela竟然哭着喊道，我要吃爸爸做的饭，让王爸爸感动不已。对Angela的教育，我认为王爸爸是成功的。

都说女儿是爸爸前世的情人，依依不舍追到了这辈子。我不知道最早说这句话的是谁，但是我认为这句话奇妙地诠释了爸爸与女儿那种深沉、亲密的感情。虽然爸爸的爱不像妈妈那样的沁人心脾，那样柔软，那样触手可及，但是那“父爱如山”的深沉却让女儿感到了从未有过的满足和骄傲。而爸爸在女儿的成长过程中也一直扮演着一种特殊的角色，以一种特有的沉静的方式影响着女儿。

小南是我的一个朋友，现在在一家知名的出版社工作，从小到大她始终是个特别自信、特别阳光、性格开朗、有人缘的女孩。每当身边的人问她为什么这么优秀时，她就会提到她的爸爸。

从小到大，小南的爸爸一直都很宠她。和其他女孩相比小南发育得比较快，个子比较高，她嫌弃自己长得太高，露出愁眉不展的样子，南爸爸就会对她说：“个子高你应该感到骄傲，长大了可以去当模特。”；

小南学习画画，却画得乱七八糟，老是被一起学画画的同伴取笑，感到很自卑，南爸爸却满不在乎地说："你画画不好，但是你唱歌唱的特别棒，每个人都有自己的长处，你不要自卑。"；小南表示想当记者，南爸爸的第一反应就是："以后你准备去央视还是凤凰卫视？"

那个时候物质比较匮乏，不想现在这么"富有"。小南班上有一个女生戴了一块很好看的手表，在班里炫耀，惹得很多女生都眼馋，小南也不例外。有一天，那个女生的手表不见了，非说是小南偷了，小南很委屈，向爸爸哭诉了起来。南爸爸知道后心疼得不行，于是一咬牙买了一块更好的手表回来（在当时，买这块手表的钱够一家人生活一个月了）。第二天，南爸爸让小南戴上这块手表和她一起来到学校。

南爸爸指着小南手腕上的手表对那个女生说："你看，我们家南南有比你更好的手表，为什么要偷你的？"

后来在老师的帮助下，那女生终于在自己的书包里找到了自己的手表。

直到今天，小南还戴着这块手表，她说这里面承载着爸爸满满的信任和爱。

我相信好爸爸都懂得宠女儿，都会像王爸爸和南爸爸那样"宠"出好女儿，使女儿们有修养有品位，宠辱不惊。他们对待女儿会像对待那些娇嫩的鲜花一样，把心放在最温柔，细致婉约，容不得任何粗糙，会去了解那些小女生的心理需要，包括她们的小手段和小虚荣心，成为她理所当然的朋友。

说到宠女儿不得不提"富养女"这个说法。有些爸爸理所当然地认为"富养"就是满足女儿的物质需求，加上现在物质比较丰富，很多家庭也比较富裕，但凡孩子喜欢的东西都能够轻而易举地买到，"宠"便一味地表现在了物质上，女儿喜欢什么就给买什么，结果"宠"出来的竟是任性、虚荣、无理取闹的"坏公主"。

贵族不是贵在有钱，而是贵族的品质，再穷的贵族最终也会变富有，他们拥有创造财富的能力和气质。因此我提醒各位爸爸，"富养女"不是"娇养女"，并不是说要给女儿多么好的物质条件，而是对女儿品格、能力、见识等综合素养的培养，通过让女儿多见世面，做个有识人之明，有人情练达的功夫的人，不能见到稍大一点的场面就给震住了，认识一个有点见识和财富的男人就轻易地被拐走了。

爸爸们请记住了，“宠”的真正目的是培养出品味不凡的女性，通过“宠”让女儿拥有良好的审美能力、广博的见识、优秀的品格等，彰显过人气质。

好爸爸行动指南针

从来富贵多淑女，平时对女儿的合理要求你要全部满足，新鲜的东西在经济能力能承受的范围内也要尽力尝试，包括吃的、玩的、看的、用的，女儿感兴趣可以多买点。当然经济条件不允许的时候直截了当地告诉女儿，获得她的理解。你还要多带女儿出入各种场合，开阔她们的视野，增加她的阅历，从而大大增强她的见识。

6

体贴的爸爸，儿子会细心

观看《爸爸去哪儿》第一季换爸爸那集时，我问儿子：“如果让你选择爸爸，你会选择谁？”

儿子歪着脑袋想了半天说：“王爸爸。”

“为什么？”我很好奇。

“因为他比较温柔。”

确实，王爸爸心思细腻，在换爸爸的时候，对石头轻声细语，方方面面照顾得很好，相比较郭涛的铁面，我想谁都会喜欢王爸爸的。“那天天爸爸不好吗？”出于对张亮的偏爱，我问道。

“好。”儿子回答，“天天爸爸和天天像哥们，而且他也很会照顾人，有一期他还把自己抓的鱼给了 Angela 爸爸。”

“正是有爸爸的体贴，才会有‘小暖男’天天的。”

听到我和儿子的对话，先生莫名地吃起醋来：“你们一会喜欢这个爸爸，一会喜欢那个爸爸，难道我这个爸爸不好？”

儿子急忙贴上去，搂着先生说：“当然是我爸爸最好，给我一百个亿我也不会换爸爸的。正是有这么个好爸爸，才会有我这么个好儿子的。”

“一百个亿？”我听了笑了起来，“一百个亿是多少？”

“一百个亿就是很多很多很多个百。”

听完儿子的解释我和先生都大笑起来。

都说儿子像爸爸，我发现我们的儿子不仅长得像他爸爸，连性格、脾气都有点像，比如这股细心体贴劲，真的是应了那句话“一个模子里刻出来的”。我细想了一下，这里面除了遗传的因素，后天的影响应该也是很大的。

我家先生平时就是一个非常体贴的人，我做饭的时候他会一声不响地在旁边给我拿盘子；天冷出门的时候会悄悄地给儿子带上一件外套；看到我和儿子在看电视，会非常贴心地端上一盘水果……这些儿子全然看在眼里，学在心里。

确实，孩子在与爸爸不断交往，相互作用中，一方面接受爸爸的影响并且不知不觉地学习、模仿，另一方面爸爸也会自觉不自觉地要求孩子具有自己的一些特征。只是传统观念认为，妈妈是孩子的主要养育者，爸爸常常是在一旁"袖手旁观"，事实上，父亲和孩子之间建立的良好关系，其作用比人们的想象大得多，男孩和女孩可以从爸爸身上学到不同的东西。

著名的心理学家格尔迪就说过："父亲是一种独特的存在，对培养孩子有一种特别的力量。"我从儿子身上已经感受到了爸爸这股伟大的力量。一开始儿子和其他小男孩一样，调皮捣蛋，有的时候会粗心大意，对人对事显得不够细心（我想这些都是男孩子的共性吧），不论我说多少次都不行。先生放假一个月居然就给治好了，感叹神奇之余，我更是体会到了爸爸不容小觑的作用，特别是一个贴心爸爸的伟大作用。

日本作家中井俊在《我的孩子真体贴》书中提到："没有体贴的心，生命就没有价值；体贴，是爱的表现。"当然学习体贴、细心对于大人来说，都不见得是件容易的事，更何况是处于以自我为中心阶段的孩子。习惯的养成，不是一朝一夕的事，是持之以恒的结果，小孩子不可能自己养成，在于环境和教育的作用。因此，爸爸要做出细心的榜样，以成人的体贴来感染孩子，这样整个环境是细心的，孩子就会自然而然地细心起来。比如，当孩子犯错的时候，当孩子有情绪时，当孩子遇到挫折、困难时，我们都要在第一时间给孩子情感上的支持、鼓励，和孩子一起去面对、解决，这样孩子感受到你贴心的同时，更会学习到了你的为人处世方式。

这里我还要特别提醒一些爸爸，不贴心不好，但是贴心过头也不好。你不能帮孩子做太多事，要给他机会学习自理，特别是男孩子。比如，以前你会帮孩子扣衣服上所有的扣子，现在已经可以让孩子自己动手扣扣子。当孩子可以自己穿脱衣鞋、用餐，你可以适时地告诉他：“你真的好棒！真是爸爸的好孩子。”当他学着照顾自己之后，就不用爸爸妈妈担心，这样的表现也是贴心。

好爸爸行动指南针

平时多留心孩子细心的地方，这样孩子细心的表现就会增多；给孩子列一张细心记录表，孩子每细心一次就记录一次，当积累到一定的次数就给予一定的奖励；为孩子提供细心的机会，比如让孩子学习书法，或者做手工来培养孩子的细心；让孩子和细心的人一起生活，最好你自己能够给孩子做好榜样，言传身教。

7 博学的爸爸，女儿气质好

某日，闺蜜打来电话，说弄到了一部正版英文对话的影片，让我过去跟她分享。电影刚看到一半，闺蜜的先生和她女儿拎着一大堆的书回来了。我们只好关掉电影，过去帮忙整理。

这里不得不提一下我这个闺蜜的女儿幽幽。别看幽幽小小年纪，但是给人感觉优雅大方、舒适亲切，用俗得不能再俗的称赞女孩的话说就是“气质好”。当我问闺蜜是如何培养出这么个好气质的小公主时，她的老公居然在一旁答道：“很简单，给她读最灵秀的诗，听最美好的音乐，读最优秀的书籍。”听到老公的话，闺蜜赞同地点了点头。

闺蜜的老公也就是幽幽的爸爸是大学老师，在我们眼中有点“书呆子”，他们的家基本上都被他的书占满了，除了看书，我丝毫没感觉到幽幽爸爸任何有情趣的地方，为此我曾打趣幽幽：“幽幽，和只会看书的爸爸在一起闷不闷啊？”

幽幽一本正经地回答我：“不闷，和爸爸一起读书最有意思啦。”

当时我并没有把幽幽的话放在心上，如今听到幽幽爸爸的回答再联想幽幽的话，我突然明白幽幽的气质真的和这个爱看书的爸爸有着脱不开的关系。

闺蜜告知我，从幽幽 3 岁起，她爸爸就开始给她读书，有的时候一个故事要不厌其烦重复 7、8 遍；等幽幽大点后，他便根据自己的阅读品位给幽幽选择书籍，和幽幽一起读书，他读一段，幽幽读一段，幽幽爸爸还会对书本做出解释，帮助幽幽理解。他还做了一个阅读小记录，上面记录了幽幽最欣赏的图书、认为写得好的图书、认为写得一般的图书、认为写得不好的图书。

可能大多数父母不知道，0－12 岁是开发女孩艺术天赋的最佳时期，这时期，女孩大脑中控制思维、想象、语言创造能力的大脑额叶正在飞速发育，此时，她所经历的关系、亲情、体育运动、美术和音乐活动以及所学到的理论知识很有可能会在她以后的生活中‘保持’或至少‘重现’，而她们在这一阶段没有经历过的事情，在以后是很难做好的。比如读书，如果你的女儿在 12 岁前读过很多书，那么她可能一生都喜欢读书。而对于一个女孩来说，读书会对她气质的修炼起到很好的作用。

女孩和男孩不一样，当人们讨论一个男孩的时候更多的是关注他的能力和才情，但是在讨论一个女孩的时候，更多的会从外貌开始，进而谈论对方的气质，最后才是能力。而一个女孩被认为美丽，不是单有出众的外貌来支撑，还得靠内在的气质，如果胸无点墨，任凭用华丽衣服的装饰，给别人的感觉还是肤浅。而气质是指一个人内在涵养或修养的外在体现，是一个人相对稳定的个性特征、风格及气度，对于一个女孩来说具有气质是她一生享用不尽的财富。

所以，如果你想要提升女儿的气质，让女儿气质出众，除了穿着得体，说话有分寸之外，就要不断提高女孩的知识，不断丰富她的见识。对于一个爸爸来说，最成功的一定不是他的事业，而是培养出一个了不起的孩子。如果家有小女未长成，爸爸则要花一定的心思去培养女儿的气质，让她知书达理、超凡脱俗。气质跟品位有着至关重要的联系，一个品位很差的爸爸自然很难培养出一个气质优雅高贵的女儿来。而一个浅薄肤浅、胸无点墨、自身品质差的爸爸，更不可能培养出一个有气质有修养的女儿来。

所以，修人还要修己，培育出优雅端庄的孩子前，父母尤其是父亲要先把自己修养好，接着才要想方法让自己的女儿变得超凡脱俗。增长女孩见识、培养女孩气质的方法有很多，如旅行、学习才艺、读书等等，不论你采用哪一种方式，对爸爸来说最关键的就是耐心，因为女孩高贵优雅气质的形成需要长期的积淀。

好爸爸行动指南针

想要培养女孩的气质就要培养女孩的文化内涵，要让女孩多读书，不仅学习好课本知识，还要多看唐诗宋词，多读优美的散文。除此之外我们还要注重女孩高雅生活情趣的培养，使女孩不成为刻板的“书呆子”和“女学究”，因此你还可以让女孩学习弹琴、唱歌、画画、书法、下棋等，即使孩子将来不能成为名家，但一定会带给孩子一定的艺术修养。

第六章 有爱不要藏起来

——爸爸指引孩子爱的能力

1

不懂爱的爸爸，孩子丧失爱的能力

有次开办一个育儿讲座，期间我问了在座的父母这样一个问题："朋友们，您爱您的孩子吗？"听到这样的问题，爸爸妈妈们都笑了，是的，天下哪个父母不爱自己的孩子？但是当我问"您享受过孩子的爱吗"时，很多人却陷入了沉默。

对很多爸爸妈妈来说，说到孩子的学习和成绩，他们相当关注，特别是爸爸尤其对孩子的学业不放松，但是说到孩子爱的能力时关注的并不是很多。

李丽是我儿子的班主任，参加了几次家长会后熟识了起来，便成了朋友，经常会坐一坐聊一聊。她和我说，一次在课上讲到成语"精忠报国"，她问同学们在家里爸爸有没有和他们说过长大了要报效祖国，结果令她惊讶的是，全班有三分之二的孩子说没讲过。她接着问孩子们爸爸和他们讲得最多的是什么，一半以上的孩子回答说学习或者成绩。而让她更为苦恼的是，这些孩子个个都很自私，不懂得相互关爱，他们更喜欢的是看别人出丑，并对别人的不如意报以活该的态度。因为缺乏爱心，这些孩子看起来一点都不生动灵气。

我一直认为爱是人类所不可缺少的极为重要的基本素质，可惜在爸爸妈妈重智轻德下现在的很多孩子已经变得不会爱了。家庭教育需要言传身教，对孩子的道德教育应放在首位，这是一个常识，更是中国数千年传承的家教传统，孝文化、君子文化便是这一传统结出的硕果。但今天似乎并非如此。

仔细看看身边的爸爸们，他们对孩子的品德培养应该是相当重视的，都希望自己的孩子德智兼备。有调查显示，爸爸同意孩子从小应该德、智、体全面发展的占85%，认为孩子智力开发最重要的不到10%。然而，当把德育、智育、体育、心理教育分成若干个让爸爸们选一个自己最关心认为最重要的教育内容时，很多爸爸还是不约而同地选择了智育。从现实很多家庭来看，大多数爸爸们也把孩子的学习成绩放在第一位，在他们看来，只要孩子学习好就比什么都强。为了孩子的学习，爸爸们什么都不让孩子去做，久而久孩子变得娇惯任性、自闭脆弱、自私狭隘，丧失了爱的能力。

有个朋友曾跟我讲过这样一件事情：

某天她儿子放学回来跟他们夫妻说道，“爸爸妈妈，老师今天跟我们讲了很多关于如何爱人，如何被人爱的事情。他让我们回家要爱爸爸妈妈，上学要爱同学爱老师，要始终心里充满爱，爱一切美好的东西，他说这样人才会过得幸福快乐！”

可是，让她怎么也没想到的是，他的先生竟保持着一贯的作风，想都不想干脆利落地说道，“什么爱不爱的，这都是狗屁，在这个社会混，成绩是第一位，能力是第二位，成绩不好，能力不强，你再怎么有爱心，人家也不会喜欢你的。乖乖去写作业去，你讲的这些都是狗屁。”

朋友说她当时很生气，很想让先生收回刚才说的话，让儿子相信爱人就是爱己。可是，他的先生天生就这样的性格，虽说人不坏，但很少表达自己的爱，不懂得在妻子劳累时帮一把，不知道去关心身边的人，说出来的话也是自私自利。时间久了，她也习以为常了，懒得再跟先生理论。可问题是，先生的这一性格很快就影响到了自己的孩子，她慢慢发现儿子越来越自私，她刚刚收拾干净的屋子被他弄得乱七八糟，说他几句，他不但不收敛反而变本加厉地搞破坏；同伴儿哭了，他更多是看笑话，而不是上去安慰；有老奶奶拎着重东西艰难行走，叫他帮忙，他的回答是，“凭什么，她又不是我什么人！”

“我发现我儿子现在已经完全丧失了爱的能力，贯穿他生命内外的似乎就是自私和刻薄！”朋友忧虑地说道。

我们常说，有其父必有其子/女，爸爸情商不高，爱的能力不强，不懂得体贴和关爱身边的人，孩子怎会变得有爱呢？

也许爸爸们不知道，孩子成绩名列前茅，可品质不好，他也许能称得上学霸，但肯定成不了德高望重的人。一个人混迹社会时，成绩真的算不了什么，而是这个人内部所具有的某种吸引人的东西，这就是德。德高孩子的情商才高，情商高才会施人予爱，有能力爱的人才能有能力过好自己的人生。

在爱的教育这个问题上，我反而觉得《爸爸去哪儿》里的那些明星爸爸们做得都很好。整个节目我都没有看到爸爸们提到过孩子的学习，更多的是他们在教育自己的孩子如何去照顾别人，帮助别人，让孩子自己去体会各种感受，感受父子之间、朋友之间、陌生人之间的情感交流，教他们爱身边的一切。我觉得这一点是值得很多爸爸学习的。

让孩子拥有爱的能力，学习如何去爱，可以影响到孩子一生的价值观、人生观，是很重要的人生教育，希望爸爸们注重孩子智育的同时不要忽视孩子“爱的教育”。

好爸爸行动指南针

让孩子懂得爱很难，需要爸爸们把目光从智育转向德育，并从身边的点滴做起，比如让孩子帮忙大人做一些他力所能及的事，体会到他人的感受，学会珍惜他人对自己爱的付出；在孩子面前讨论如何孝敬父母，如何帮助他人，这样 TA 就耳濡目染了解了我们的做法；当 TA 自己有想法时，你要虚心地听着，不对的地方及时指出，TA 在享受参与的快乐的过程中也就懂得了爱都是怎么样付出的。

2

孩子需要爸爸来“揭秘”节日的意义

当妈妈这么多年，每年“母亲节”都会收到儿子的祝福和礼物，很温馨。现在还清楚地记得儿子第一次送我礼物的情景。

那时，儿子还没上学，“母亲节”那天他兴奋地送了一份礼物给我——他亲手做的一张贺卡，贺卡上面歪歪扭扭地写着几个字：祝妈妈节日快乐！这个礼物让我很高兴，抱起儿子狠狠亲了好几口，随后很认真地把他送的贺卡贴在最显眼的地方。我好奇地问他是怎么知道“母亲节”的？儿子说是爸爸告诉他的。一份小礼物带给自己的是无限幸福，儿子脸上则写满自豪和快乐。从此，每年的“母亲节”无需先生提醒，儿子主动关注母亲节，并提前将他亲手做的礼物送上。

今年是我和先生结婚十周年，在“结婚纪念日”前一天，儿子很神秘地向我透露，他将跟先生为我送上一个很特别的“结婚纪念日”。

儿子虽然神秘透露，但我这当妈的因为工作的一时繁忙，竟忘记了这一特别的日子。那日，拖着疲倦的身体回家，门一打开，儿子便率先跳出来，祝福道：“祝妈妈六周年结婚纪念日快乐！”我在惊讶之余，先生已是走过来，拿着硕大的花束温柔说道，“节日快乐！”随即儿子拿来一只气球，塞给我后竟知趣地回自己房间了，留下一桌子丰盛的菜肴和高杯红酒，让我跟先生自己庆祝。

夜幕降临，从儿子塞给我的气球中拿出先生写给我的字条，只见上面写道：感谢这么多年来你对我们这个家的照顾，尤其是让我有了这么好的大儿子，老婆你辛苦了！

如此“情书”，自是让人看得感动不已，先生向来都是有爱就说出来了，难得用写纸条的方式，我想他今天能如此表达，肯定和儿子有关系。

我以为“节目”到此为止了，没想到竟在卧室看到了儿子留给爸妈的一张纸条——“祝爸爸妈妈节日快乐！”先生笑而直言，“在这场节日节目策划中，没有这条啊！看来儿子留了一手！”这时我才知道，原来所有内容都是儿子策划的，而先生接受了他所有的内容。

是的，这是一个孩子精心策划的节目，我想如果没有足够的爱不会这么用心，这么有创意，这么感人的。如果我和先生没有欣赏爱的眼光，不会接受儿子的爱，就不会感受到幸福浪漫，儿子也就体会不到爱的付出和快乐。感动于儿子的那份爱心，我和先生真心地肯定他，真心地体会着他带来的幸福快乐。

众所周知，一年里有好多个节日，春节、元旦、元宵节、情人节、母亲节、父亲节、感恩节、国庆节、中秋节等众多节日。有人说“节日就像人生的时间钟表上的刻度一样，在每个人的生活中有着重要的含义”，我先生认为节日在教育孩子上也有着很重要的意义，他说传统节日活动是宝贵的教育资源，体现人们勤劳勇敢，尊老爱幼，追求和平，团结合作等优秀品质和精神，这些优秀文化和精神的传承是教育必须承担的使命。

因此，他非常注重利用节日来培养儿子爱的能力：春节，带着儿子给爷爷奶奶拜年，告诉儿子爷爷奶奶把爸爸妈妈，抚养成人多么不容易，没有爷爷奶奶就没有爸爸妈妈，对爷爷奶奶要加倍尊敬；儿童节，给儿子送礼物的时候会让儿子细心保管，珍惜别人的情谊；感恩节，鼓励儿子给长辈寄送贺卡，或者在节日的喜庆气氛中，给长辈表演唱歌跳舞等小节目，表达美好的祝福……

先生说：“每一个节日都传递出一个爱的祝愿，每一次爱心涌动都是一次最好的爱的教育。”我想也正是先生的这种“爱的教育”，让我拥有了这么一个惊喜的“结婚纪念日”，让我拥有了这么一个有爱的大儿子。

如今，信息化时代对孩子们的思想观念冲击很大，光靠说教是不够的，爸爸们给孩子过有精神内涵充满爱意的节日，是对孩子们加强爱能力的好契机。但是很多爸爸因为忙或者因为懒忽视了生活中的节日，更有爸爸认为过节是一件非常麻烦的事，害怕过节，逃避过节。他们会在孩子生日的时候在办公室加班；他们会在儿童节的时候把过节的一切事宜交给学校交给老师，自己乐得清闲；他们会在元旦的时候窝在家里睡大觉……孩子感受不到节日的氛围，也感受不到节日中那种人与人之间的温暖和爱，久而久之对节日麻木，对身边的人和事也一样的麻木。

希望爸爸们能把握好节日的教育作用，在节日里放下一切，穿上特别的衣服，和孩子一起创造丰富有趣的节日氛围，让孩子感受着节日里每一个人每一件事之间浓浓的爱意，成为一个懂得爱、享受爱的小天使。

好爸爸行动指南针

你可以给孩子讲些节日的传说和故事，还可以和孩子一起朗诵与节日相关的诗词、童谣，让孩子对节日感兴趣。在跟孩子过节日的时候，鼓励孩子献上一份爱心，比如一句真心的问候、一份亲手制作的小礼物；给长辈捶捶背、倒杯水……当孩子这样做时，你要真心接受孩子的爱，并给予欣赏和肯定，让孩子体会到付出比得到更快乐。

3

好爸爸把爱的机会还给孩子

《爸爸去哪儿》大电影出来了，约上好友胡华一家，两家人就去了电影院。

看完电影，我们两家人到一家餐馆吃饭，为了不浪费，事先说好每人只点一个自己喜欢的菜。胡华的儿子贝贝第一时间拿过菜谱，用那胖乎乎的小手像模像样地翻着菜谱，忽然他眼睛一亮，指着图片上的螃蟹兴奋地大叫："我要吃这个，我要吃这个！"

贝贝爸爸赶忙哄贝贝说那螃蟹多么多么的不好，说吃的时候会用它的大钳子夹住你的嘴巴。正说着，忽然"啪"一声脆响，贝贝居然照着贝贝爸爸脸上来了一巴掌。先生大惊，连忙说："贝贝，你不能打爸爸哦。"哪知贝贝爸爸嘿嘿一笑，嘴巴凑到贝贝的脑门上亲了一口说："没事，贝贝这是表示不满的方式，我都习惯了。"说完还是按着贝贝的意愿点了两只螃蟹，如此，好几百元就这样没了。

我们都知道贝贝是他们家的"小祖宗"，贝贝爸爸非常溺爱，一说喝水就马上送到嘴边，一说要买玩具大风大雨都得去买，就差帮他吃饭了。

在等菜的时候，我们聊起《爸爸去哪儿》这档节目，贝贝爸爸竟批评起张亮来，他说："你说张亮也是的，居然真的叫天天洗脚倒水，孩子还那么小，让他做这些是不是太残忍了？"

听到这样的话，我和先生无语地相视一笑，我知道先生的看法肯定是和我一样的：让孩子做做自己力所能及的事，让孩子也学会付出，学会去爱人，我们都认为这样很好。

一会儿服务员端着一盘被拆的七零八落的螃蟹上来了，并笑着对贝贝说："小朋友，你要的螃蟹来啦。"

看到这个螃蟹，贝贝先是一愣，接着抬手就把螃蟹推到地上，大声地叫道："这不是我要的螃蟹，我要书上的那种！"

贝贝爸爸也有点生气，责怪服务员说："菜谱上的螃蟹明明是整只的，也不征求一下顾客的意见就把螃蟹切成这样！"

服务员一边收拾，一边解释说："这种螃蟹个头大，吃起来很不方便，一般都是这样做的……"

这顿饭，因为贝贝的任性和乖张让我们一家吃得寡淡无味。

一进家门，儿子立马发表了自己的看法："妈妈，我不喜欢那个贝贝。"

"不许这么说，每个人都有缺点的，你要学会宽容。"我对儿子说道。

没想到先生和儿子站在了一边："不喜欢就是不喜欢，我也不喜欢那个贝贝。"说完，他向沙发深处一座，对着儿子喊道："儿子，爸爸渴了，给爸爸倒杯水去。"

"得令！"儿子像是得到了一个无比光荣的任务，高兴照办了。

儿子回来时，手里拿着两杯白开水，一杯给我，一杯给先生，然后又跑进厨房给自己倒了一杯。

先生很骄傲地搂着儿子说："还是我们的大儿子好哦！"

"那当然！"儿子骄傲地说。

"儿子，你们班的同学会给爸爸妈妈倒水吗？"我很好奇地问。

儿子想了想说："不会，他们没有这个机会。有一次好朋友西西说他看到爸爸在看电视，想着他一定渴了，给他泡了一杯茶，结果爸爸竟说他是借机出来看电视，还说他有手不用儿子倒水，让他赶紧去学习，她说从那以后他再也不想给他爸爸倒水喝了。"

儿子的话让我很吃惊，对此先生一脸的淡定，他说："很正常，在很多家庭中，孩子被各种各样成人的爱包围着，所有的大人都比孩子'强大'、比孩子有'实力'，孩子没有爱大人的机会，只有被大人爱得'死去活来'，他们早就用爱的名义剥夺了孩子爱的机会和权利。特别是爸爸，都很疼爱孩子，你看贝贝爸爸不正是这样。"

先生的话让我开始沉思起来。

在一些爸爸的眼中，孩子不需要做任何的事情，这里面除了有对孩子的疼爱，我想可能和他们的“爸爸形象”有关：他们想在孩子面前树立起高大威猛的形象，认为让孩子帮忙或者不能满足孩子的要求会是一件很“丢人”的事。如果孩子想要帮助爸爸做点什么，爸爸便会冷冰冰地说“你能干什么，爸爸不需要你帮忙”“别给我添乱，一边待着”“这活太累了，爸爸做就行”……于是孩子心中刚刚萌发的爱的火花一次又一次地被爸爸们“无情”地扑灭了，渐渐地孩子明白了，爸爸对他什么都不要求，于是孩子会觉得自己好像是这个家的“局外人”，开始变得心灰意冷、冷漠自私，不再关心别人，也不懂得爱别人了。

还有一些爸爸，把孩子当成接受爱的大口袋，拼命往里面塞自己的爱，却不给孩子爱他人的机会，他们只知道盲目地疼爱孩子，只要能使孩子高兴，他们为孩子做什么都心甘情愿。这些受到过分关心、过分照顾的孩子，从没有过回报的实践，也没有回报的意识，久而久之，孩子认为别人为他做的一切都是应该的，让人觉得无情无义：喜欢的东西，没有第一时间买到就无理取闹；妈妈辛辛苦苦做好的饭菜上桌就吃，还挑三拣四地闹“绝食”；花钱大手大脚，从来不考虑大人挣钱的艰辛……就这样，“累坏了”父母，“闲坏了”孩子，更是“爱坏了”孩子。

记得作家毕淑敏说过：“在前所未有的爱意中浸泡的孩子，有时就在父母无微不至的呵护中一次次更狠更快地扬起他稚嫩的手，面对父母充满爱怜的微笑，他会日渐变得跋扈、自私。”一个不懂得爱的孩子，就像不会呼吸的鱼，出了家族的水箱，在干燥的社会上，他不爱人，也不自爱，会怎么样呢？

我认为真正爱孩子的爸爸要适当地在孩子面前表现得“弱”一点，给孩子一点爱自己、爱别人的机会，别把自己看得很高大，把孩子看得很弱小。你认为孩子弱小，他就会变得弱小，你认为孩子强大，他就会变得强大。让自己换个位置，换个形象，给孩子一个付出爱的机会，孩子就能顶天立地。

好爸爸行动指南针

你要给予孩子表达爱的机会，比如让孩子帮忙买东西，提东西；每个周末让孩子做一件让爸爸妈妈高兴的事，比如给自己倒杯水，给妈妈敲敲背，和爸爸妈妈一起做家务等等；家里人过生日，可以与孩子一起为他精心准备礼物，做一顿丰盛的美食；让孩子感觉到你需要他，使孩子感到他们的爱是爸爸妈妈生活中的一种力量，这会让孩子得到鼓励和信心。

4

好爸爸告诉孩子爱从身边开始

小区组织了一场亲子足球赛，向来喜欢运动的先生和儿子报名参加，而我则以他们忠实粉丝的身份成为了拉拉队一员。

原本是很快乐的一件事，可分队的时候出现了一些问题，由于年龄的差距，为了公平起见，最大的孩子要和最小的孩子一组，但是小区里最大的孩子毛毛不愿意和最小的孩子田田一组，说这会拖他们组拿冠军的后腿。

先生对儿子说："儿子你和田田一组好吗？"

儿子低着头不说话，看得出来他有点不乐意。其实儿子的心思我明白，在这群孩子当中他是比较小的，如果他再和田田一组比赛肯定会处于劣势。

先生问儿子："如果你是田田，没人愿意和你一组你心里会是什么滋味？"

儿子想了想说："我会很难过。"

"这就对了，"先生耐心地说，"每个人都不希望自己被人嫌弃对吧？田田小，他是你的小弟弟，爸爸希望比赛的时候你能够好好地照顾他。如果在你的照顾下，你们组赢得了冠军，那不是一件无上光荣的事情吗？"

经过先生的一番开导，儿子爽快答应了。

比赛开始，由于田田小，跑得比其他小朋友慢，动作还不灵活，球传到他那里的时候总是被对手抢走，比赛不到十分钟，对方就进了一个球。最终，上半场比赛儿子这对以 0∶2 输给了对方。

中场休息，因为输球大家心里都不太高兴，更是迁怒于田田，都没有人理他。儿子却走过去安慰地拍了拍他，示意他不要在意。有了儿子的鼓励，原本有点沮丧的田田重新振作了起来。

下半场开始了。对方的主力毛毛带球在儿子队的后场突破，因自己不小心摔倒了，儿子当时回头看看，好像特别想冲过去防守，但是看到倒地不起的对方队员还是放弃了防守，走过去扶起毛毛，还关心地问他疼不疼。对方的另一个队员却乘此机会进了一个球。最终儿子这个队以2：5输给了对方。

回到家里，我问儿子："遗憾吗?"

儿子回答："遗憾。"

我再问："为什么要去扶毛毛?"

儿子说："爸爸说过，在赛场上谁都想赢球，但是还有比赢球更重要的就是对他人的关心和友谊。"

我没想到儿子不但将先生的这些话记住了，而且还做到了。

这时先生端着一杯冰镇可乐递给儿子说："你今天的表现让爸爸非常骄傲。爸爸看到你当时也是十分矛盾，很想跑过去防守对方的进攻，但是你在赢球和关心他人的问题上选择了后者，这就是真正的体育精神。"

有儿童学家研究发现孩子天生就具备爱心，善良和同情是孩子的天性：婴儿一岁前就能对别人的情感做出反应，如果旁边有孩子哭，TA也会一起哭；一两岁时，孩子看到别人哭，就会拿自己喜欢的东西去安慰，这表明TA已能清楚地分辨自己和他人的痛苦，并有了试图减轻别人痛苦的本能，但不知道该怎样做才好；到了五六岁时，孩子开始进入认知反应阶段，TA知道什么时候该去安慰正在哭泣的同伴，什么时候该让TA独处。这些都是孩子爱心的自然表现。

"子不孝父之过"，孩子自私自利不懂得关爱身边的人，其实是父母的责任。孩子的成长离不开爸爸妈妈、亲人、老师、同学和周围许许多多的人的教育和帮助，TA需要与人打交道，让孩子学会反哺，并给予反哺的机会，这才是真爱。

因此，你要告诉孩子：爱，是对家人、对朋友的关爱和体贴；爱，是理解，是站在对方的角度考虑问题，体谅对方的做法，当别人的观点与我们不同甚至相反时，要站在对方的角度来思考，任何人做任何事都有自己的理由，不要把自己的观点强加给对方；爱是甘愿为别人而付出自己的时间和精力，当别人需要我们时，毫不犹豫地伸出援手，尽己所能去帮助别人解决困难；爱是分享别人的快乐，分担别人的忧愁，帮别人减轻痛苦……

今天，你有幸成为一个爸爸，就不能忘记身为一个爸爸的责任是在孩子心中播种爱、培养爱、传播爱；我们培养孩子，就是要让孩子明白，他们的责任是发现爱、感受爱、发扬爱。

好爸爸行动指南针

身教的力量远远大于言传，要让孩子拥有爱心懂得关心照顾身边的人，平时自己必须做个有爱心的人。比如，别人的东西掉到地上了，主动去帮忙捡起来；发现别人有失误，善意地提醒一句；他人有困难的时候，主动伸出援助之手……这些善意的小事，孩子都会看在眼里，记在心里，也让孩子懂得：付出爱可以随时随地，不一定非要做什么惊天动地的大事。

5

博爱的爸爸，小猫小狗也是爱的对象

有育儿专家认为，与动物相处的宝宝更有爱心，情商更高。大概是对这一观点的认可，《爸爸去哪儿》也可谓是一部动物与宝贝们的合辑——森碟与长颈鹿齐跑，Angela 邀请大象到自己家玩，天天发现斑小马超级兴奋，Kimi 抱着小老虎把它当成小猫咪，在东北拴在森碟家门口的狍子更成了动物明星。如果你足够仔细，《爸爸去哪儿》这一节目中几乎每集可见动物影子。这让我觉得自己不让儿子养狗似乎是有点不妥了。

儿子很喜欢动物，去年儿子生日的时候先生答应给他买一只小狗。我嫌小动物脏，加上平时忙，怕照顾不过来，所以到现在一直没让先生买。对此儿子表示理解，可是心里总惦记着这件事，先生则对我表示不满，说我这是歧视小动物找借口。

这天，我带儿子看完电影回家，已经是晚上九点多了，夜有点凉，街上冷冷清清的。这时突然传来几声狗叫，竟然让人感觉很亲切，同时也有了一种安全感。儿子很调皮地与狗对叫，我被逗笑了，这时身边路过的两个行人也被逗笑了。

我对儿子说："你真是七岁八岁的孩子讨狗嫌。"

儿子却对"讨狗嫌"赋予了新的含义，他说："妈妈讨狗嫌有什么不好的，不仅狗高兴，我也高兴，同时别人听了也高兴啊，你刚才也看到了，路过的两个叔叔都笑了呐。爸爸说了你们大人不应该总认为七八岁的孩子讨狗嫌，他说不论是孩子还是小狗狗都很好，都要好好爱护的。"

"哦?"我很好奇，"那你说说小狗狗哪里很好了?"

儿子想了想说："妈妈你想，你工作了一天，很累又很烦，像现在这样走在静悄悄的街上，不也希望有小狗狗能够叫几声；还有，如果你在工作上有什么不顺心啦，生活上有什么烦恼了，又不愿意和别人说，你和小狗狗说，小狗狗既不会嘲笑你，也不会嫉妒你，多好！我就很喜欢奶奶养的小白，每次我去奶奶家它都非常友好地向我打招呼，我与它说高兴的事情，它就摇晃着翘得高高的尾巴，表示非常开心；而我跟它说愤怒的事情，它就龇着牙，恶狠狠的，表示非常愤怒和抗议。爸爸说的没错，狗呀、猫呀，这些小动物都很有人情味的。爸爸还让我有空了就去奶奶家帮忙照顾小白。"

听了儿子这席话，竟让我陷入了思考，为什么小孩子都喜欢小动物呢？也许是因为小动物有着可爱的外表，还可以倾听孩子内心的快乐和痛苦，用它们特有的"语言"去安慰和鼓励孩子们。孩子与小动物交流不会遭到嘲讽和嫉妒，小动物会给孩子保守秘密，孩子会感到轻松和安全。同时孩子与小动物玩耍的时候，容易忘掉自己的悲伤和孤独，从而拥有愉悦的心情。

曾听一位育儿专家朋友说："孩子与动物的感情，若是加以好好利用，可以培养出孩子的善良本性和爱心，例如慈悲、关爱、欣赏等。"当时我对他的这些话并不在意，但是从儿子身上，从其他有养小动物的孩子身上我真的发现朋友的这些话不无道理。

只是，很多的爸爸，他们对自己的饮食起居都比较混乱，照顾自己的孩子更是手忙脚乱，自不会给自己找事再答应为孩子养一只爱心猫或忠实狗了。而且当孩子对外面的小狗流露出无限的好奇和喜爱时，他们通常的教育方式是，离它远点，它会咬你/抓你，让孩子对这些可爱动物的喜好一下抹杀殆尽。还有些爸爸以养猫狗会让孩子患上哮喘、各种疾病为由，不仅不让孩子养小动物，即便摸一下也要大声呵责。这样的方式不但抹杀了孩子的好奇心，也让孩子对人对动物充满抵触，总觉得别人身上存在着危险因素，以此退避三舍，这样一来孩子的探索欲跟冒险精神一并也消失了。

其实，爸爸们完全可以告诉孩子，怎么样跟小狗小猫相处才是最安全的方式，动物也是有灵性的，你对它好，它自会对你百般温顺，如果在你的引导下，小狗小猫都喜欢跟着你的孩子跑，孩子获得了无限快乐，也从照顾小猫小狗的过程中，养成了照顾人的好习惯，性格变得格外明媚，以后与人相处，也是时时处处为别人着想，如此，你的孩子有谁不喜欢，生活过得将会多快乐。

所以，给孩子挑选一只小动物，对 TA 的成长是非常有益的。只是当你评估过自己的居家环境、家庭成员的时间和精力，决定饲养动物后，你还必须让孩子明白饲养动物是一个长期的工作，它不是玩具，想玩就玩不玩就扔，它是家里的一分子，永远都要爱护它。因此在饲养前你需要好好和孩子沟通以下几个问题：

1. 小动物需要有人帮它洗澡、打理毛发、清扫便便，你是不是很愿意帮忙？

2. 小动物会长大，如果以后它长得很大，你还会像现在这样爱它吗？

3. 小动物有时候会不听话、闯祸，你能不能容忍并有耐心好好教它？

4. 当小动物生病了，你会不会照顾它带它去看医生？

5. 如果你的小动物吵到了别人，你能不能随时安抚它，避免它打扰别人？

6. 小动物的寿命通常比人短，如果有一天它去了天堂，你能接受吗？

当上面的这些问题与孩子交流好了，并且孩子的表现让你满意，那么就可以和孩子好好挑一只性情温顺，与孩子投缘的宠物。我相信有了宠物的陪伴，孩子能拥有一个充满爱心的温馨童年。

好爸爸行动指南针

你可以带着孩子找到人与动物之间的奇妙感觉，比如引导孩子感受水缸里的鱼带来的平和，感悟猫狗身上交流与关心的需要，从马身上体验身体操控与灵性的奔驰……让孩子爱上动物，积极地与动物交流。如果家里养了宠物，那么最好将一部分照顾宠物的工作交给孩子，比如给宠物洗澡、喂食等，以养成孩子的责任心和爱心。

6

孩子心中的阳光来自爸爸的爱心

一次儿子的老师给他们布置了一篇作文《有爱心的爸爸》，看到这个题目我很好奇，不知道儿子会写些什么。征得儿子同意，我看了他的作文，只见他写道：

“我的爸爸是一个富有爱心的人，他长着 1.79 米的个子，一双炯炯有神的眼睛，高高的鼻梁，大大的鼻子。

爸爸不但爱我，也很爱其他的小朋友。他在网上了解到大西北有一个贫困山区，那里的孩子缺少衣服，于是他让我和他一起把家里的衣服整理到一个比我还大的纸箱里，花了 200 多元的邮费，寄给了山区的一个学校。今年冬天又快到了，爸爸说要再寄一大包棉衣给山区的孩子，并打算让我和他一起去买棉衣。

爸爸就是这样一个有爱心又热心的人。

同学们，如果你也想献爱心，我爸爸可以帮你。”

当看到最后一句的时候，我忍不住笑了，小家伙把爸爸当成“公用”的啦，不过我知道这是儿子对爸爸的信任和崇拜，在他眼中先生是无所不能的。而先生对儿子的影响也是非同凡响。

有一次，住在我家隔壁的李奶奶不小心摔伤了脚，她的子女都不在身边，生活不能自理，刚巧那段时间先生休假在家，于是他就每天帮李奶奶做家务，照顾李奶奶。最麻烦的是每天去医院换药。我们都住六楼，每次先生背李奶奶上下楼的时候都会累得气喘吁吁。那段时间，照顾李奶奶的时候先生经常带儿子一起去，有时我也会跟着一起去，我发现儿子会非常积极主动地去帮助李奶奶做些家务。后来先生要去上班，照顾李奶奶的事便成了儿子一个人的“重担”，好在李奶奶的脚已经好得差不多，不用天天换药，自己也能够行走了。

这事后来被居委会的主任听说了，居然给先生和儿子颁发了一个“爱心模范奖”，这一奖励让儿子兴奋不已。

我以为这件事情就这么过去了，但是过了一段时间后我发现儿子放学后不再热衷与守在电视前看动画片，而是丢下书包跟我说一句“妈妈，我到外面玩去了！”便不见了踪影，一直到吃晚饭时间才回来。

原以为儿子贪玩，后才才知道，儿子是约了他的小伙伴毛毛、田田、闹闹去照顾三楼的刘爷爷去了。刘爷爷无儿无女，去年老伴去世了，之后便一个人孤孤单单地生活。儿子知道老人家一个人生活，饮食起居有些困难，于是就跟伙伴们相约为刘爷爷做一些力所能及的事情。

后来儿子告诉我，以后只要有人需要帮助，他都会义不容辞地伸援手，因为他觉得从帮助别人那里他获得了很多快乐。其实，对于我们大人来说，何尝不是曾从助人为乐中获得快乐。

想来，一个人想要获得成功，获得幸福，首先得要有一颗爱心，关注孤寡老人，贫困儿童，尽自己一点绵薄之力给人以温暖，或者去福利院、敬老院做做义工，当你从别人那里换来一句“谢谢”，或“你是好人”的话语时，幸福感是不是爆棚？对于一个小小的幼童来说，得到别人的认可和感谢，会让他们的愉悦感飙升得更快，幸福的感觉会激发人的智力，还会影响人的情商。所以，与其你绞尽脑汁想着如何让你的孩子变成一个智商高情商也不落伍的人，不如就让他从助人为乐开始。

可问题是，生活中有些爸爸不仅自己不愿意献出爱心，更是反对自己的孩子参加公益活动，或到社区做义工，以为做这些完全是有钱人或闲人的事，孩子根本没必要，还觉得这么做会耽误孩子的学习，如果因为这些事孩子成绩上不去，变成差等生那才叫人头疼。殊不知，孩子对公益的体验，其实是生活能力的一种提升，孩子在这些活动中能获得更多感悟，也许因为这些事，孩子原本作文很差，却能写出感人的文字。孩子也会因为看见别人的不易，想到爸妈的不易，从而更加努力学习，也可能会为了自己的老年不至于那么孤单，将会立志让自己成为优秀的人，并努力经营家庭生活。

让你的孩子成为一个优秀的人，仅靠老师和课本是远远不够的，你更需要将 TA 放逐在一个广阔的天地，去体验从书本中完全体验不到的内容，才能茁壮成长。

好爸爸行动指南针

想用自己的爱心感染孩子，最好的办法就是带孩子去做公益活动。做公益活动的范围很广，向灾区学生献爱心，慰问孤寡老人，帮助孤儿，参加慈善拍卖，甚至捡拾垃圾，为他人指路等，都是做公益。此外，你还可以给孩子介绍一些好的公益组织，鼓励孩子加入（最好和孩子一起加入），并积极参加其组织的活动。

第七章 你是幸福的

——爸爸更能培养孩子的感恩心

1

懂得感激的爸爸才会有感恩的孩子

《爸爸去哪儿》第一季第八期在美丽的威海鸡鸣岛展开故事，这一集与之前的旅行相比，多了一份孩子们照顾孤寡老人带来的感恩之情，多了一些爸爸们倾听孩子心声的自省感悟，温暖与感动，励志与向上，在亲子们点点滴滴的交流中，倾泻袭来让人感动不已的正能量，也勾起了人们的感恩之心。

这期，孩子们被安排了新的任务：照顾儿女长期在外打工的孤寡老人。爸爸们都认为这个任务非常有意义，主动和孩子讲了“老吾老以及人之老”的道理。而五个小宝贝的表现也没有让爸爸们失望，孩子们来到老人身边后，各出花招逗老人们开心。

森碟利索地爬上奶奶的炕，自然地就蹲在奶奶背后给奶奶捶背，熟练的模样一看平时就在家训练有素；天天搀扶着爷爷坐好，给他表演自创的螃蟹舞；Kimi 唱歌给爷爷听……夜幕降临，老人、孩子和爸爸们又坐在一起玩起了童年的游戏，孩子们天真无邪的笑声是送给老人最好的礼物，而那一声声暖暖的呼唤，更湿润了老人们多年来干涩孤单的内心。

一位脸上的沟壑里写满沧桑的老人，紧紧地握住代理村长李锐的手，感慨落泪说：“这是我 22 年来最开心的一晚，上一次这么开心还是 22 年前解放军登上这个小岛，孩子们太好了，舍不得你们啊。”老人朴实的语言和无声地落泪，让李锐这个硬汉也忍不住侧头湿了眼眶。

晚上，郭涛和石头聊天后，深有感触地借了工作人员的手机主动给好久没有联系的妈妈打了一个电话，听到石头在电话里虎声虎气喊奶奶保重身体，郭涛也感慨在《爸爸去哪儿》中真的收获了很多，比如关怀他人，比如感恩和成长。

一个人因为有一颗感恩的心，才会散发迷人的人格魅力。一个人如果不懂得感恩，不管别人做什么都觉得理所当然，这样的人，不但会没有朋友，即便想混迹一个群组都有点困难。人都是情感动物，你感激他，他才会为你做更多的事，你觉得他做的一切理所当然，那他当然不会再为你做任何事。假如你的孩子因为不懂得感恩没有人愿意跟他玩，也没有人喜欢他，那对孩子来说将是多么悲惨的一件事情。

孩子的成长，父母脱不了关系，孩子懂不懂得感恩，父母先要反思自己是否懂得。孩子开始变得自私，以为你为他做的一切理所当然时，父母更要反思，你的哪些话，哪些举止影响了他正常的为人处世之道。一个真正能把孩子所有举止特性看在眼里的父母，才能根据孩子的问题作出合理的教养计划。

小虎是一个三年级的学生，他的家庭很好，个人的成绩也很好。因为优秀，父母对他更加宠爱。每次过生日都会预定好的酒店，邀请全班同学给自己的孩子过生日。久而久之，孩子便养成了虚荣的行为，凡事都要讲排场，父母稍不遂他意，他就要以不去学校或者绝食相要挟，如此，父母就更不敢对他的要求怠慢了。

有次小虎班里有个同学穿了一双大牌的鞋子，据说这鞋子是他的舅舅从国外专门为他定制的，限量版独此一双。小虎知道后情绪一下变得很低落，深有种被人比下去的感觉。回家显得闷闷不乐，后来憋不住了就嚷着让父亲出国也为他定制一双比那同学更好的鞋子。显然这个要求是有点难度，他的父母告知他这不在他们承受的范围内，希望小虎能体谅。但是，小虎却觉得父母为他做任何事都是理所当然，一开始他大声喊，“我就要，你们连这么点要求都满足不了我，还生我干吗！”接着又用拒绝上学做要挟，后来开始绝食，再后来就是摔东西打人，一副完全失去理智的模样。忍无可忍的爸爸只能跟他动武，可这更加让小虎变得歇斯底里。没辙的小虎爸只能求助一位育儿专家。

专家的建议很简单，就是孩子的爱心因为父母的溺爱已经一点点封锁，要想让孩子的内心重新变得温暖，懂得体谅大人，他的父亲就要以身作则，给孩子讲或带着孩子看自己是如何知恩图报的。小虎爸听完专家的一席话，自是惊讶不已。想想他自己，父母养育不易，他却很好主动去老人家看望二老，二老来看望他，他也难见热情，父母对他唠叨一两句，他便拿出恶劣的态度制止，妻子带着孩子不易，还得上班，每天忙得像陀螺，而他却动辄因为妻子没帮他熨衬衫，没有做出可口的饭菜，没有把亲戚朋友招待好抱怨不断，大概儿子把自己的所有行为都看在了眼里，以为人就该这样，所以才会不去体谅大人，不懂得感激父母，只是一味地索要。

有了这样的领悟，小虎爸爸立马变了个人，带着儿子去看望父母，帮他们做自己不曾做的事情，还带着小虎去那些曾帮助过他的家庭，感激对方。对于自己的妻子，他也换了一种态度，感激她为这个家所做的一切。等到周末不上班，他又带着儿子去村子里最穷的人家，让他感受那些孩子怎么生活和花钱的。他知道，儿子的改变肯定不是一朝一夕的事情，但只要自己以身作则好好引导，孩子总有一天会变得知书达理并知道感恩的。

英国心理学家认为，“感激是一种正面情绪，是幸福感的基础，会珍惜别人的给予，善待别人；感激是强大的动力激发系统，一个人获得他人帮助之后，可以激发他做出善举或努力以此作为回报。”孩子天生具有以自我为中心的意识，而“感激”又是一个很难传授却又必须给孩子的重要行为和品德。一个懂得感激的孩子，能够跳出个人的小世界，明白爸爸妈妈及身边人对自己的付出，对他人的情感敏感，能够快速地发展他的“共情能力”及生活技能；不懂得感激的孩子，他总认为自己获得的一切都是理所应当的，永远只会感到失望和不满足。因此，从小教会孩子心存感激，对人体恤，会使他的心灵存有一份真与善，使孩子的内心变得更富足和美好。

懂得感恩，孩子不是一天两天就能学会的，而孩子最爱模仿爸爸的一举一动，因此爸爸在和孩子相处的时候可以先从礼貌入手，让孩子体会到你对人对事的感激之情，从而影响到孩子。比如，当孩子主动拥抱你时，你要对孩子说“爸爸真高兴”；当他人帮助了你，你要表示感谢；别人帮助孩子，你要让孩子说“谢谢”……讲礼貌和懂得感激经常是相互重叠、联系在一起的，因此，培养礼貌行为也是培养孩子懂得感激的好机会。

总之，爸爸应该时刻注意孩子情绪和行为上的变化，耐心地播撒感恩的种子，并浇水施肥悉心照料，让感恩在孩子的心田生根发芽茁壮成长。

好爸爸行动指南针

你要将感激编织进每一天的谈话中，比如“今天的天气真好，衣服都晒干了，我们应该感谢太阳公公”、“孩子，我真高兴你能听我的话这样去做”、“超市里的叔叔真好，又进了很多我们喜欢的水果”、“妈妈给我们做饭很辛苦，我们应该感谢妈妈”……与孩子的对话中都充满感激的内容。

2

爸爸的"狼性教育"让孩子丧失感恩心

看《爸爸去哪儿》第一季，发现五位爸爸对待孩子的教育方式各不相同，引发了先生对孩子教育方式的思考。先生说他比较喜欢林志颖，因为他对 Kimi 永远那么温柔，而且会蹲下来和 Kimi 交流，非常地尊重孩子。我则开玩笑说，私底下先生如果能够集齐五个爸爸的优点，一定能够成为一个"超级爸爸"。先生听了笑笑，没有对我的"过分"要求作评价，反而说了这样一句话，"这五位爸爸有一点很好哦，不迷信现在流行的'狼性教育'。"

先生的话让我陷入了沉思，当今社会竞争日益加剧，从小培养孩子的能力，让其今后在社会上有竞争力，成为学校教育和家庭教育的重点，是很多父母着力做的。于是，不少爸爸赞同并开始实施"狼性教育"，让孩子将来能够像狼一样地适应这个物竞天择、适者生存的世界，而不是待人宰割的小羔羊。

我说："让孩子拥有竞争意识也不错，现代社会竞争确实很激烈。"

先生摇摇头："他们对'狼性教育'的理解太片面了，只会一味严厉地要求孩子，结果适得其反，孩子不仅体会不到你的良苦用心，还真的变得如狼一样的残忍、冷酷。"

接着先生和我讲了他大学同学与其儿子山山的事。

山山爸爸听了一个所谓的名师讲座后，非常推崇名师宣扬的"狼性教育"，他坚信在这样的社会，只相信强者，需要像一头狼一样经过无数次的残酷斗争才能立足。从此他开始对孩子进行所谓的"狼性训练"：考试必须门门第一；不小心摔倒了，再疼也不许哭；琴棋书画一样都不能少……

有一次，山山在一次英语测验中考了80分。知道成绩后，山山爸爸非常生气，大声斥责山山，孩子试图辩解时，他竟毫无理智地甩了儿子两巴掌。山山的眼泪夺眶而出，这次考不好不是他的错，主要是卷子太难，很多超出了他学习的范围，更何况不是他一个人没考好，算来他还是班里最棒的一个。但是山山爸爸根本不问理由，气咻咻地说道："从今以后，不考到满分，就别进家门，一定要记住这次教训，下回带个好成绩回来！"

一个月后的一天，已经很晚了，山山还没有回家，爸爸妈妈非常着急，赶紧出去找山山。大家终于在小区花园找到了他。原来学校又组织小测验，他也能考满分的，但是故意考了个不及格，看到爸爸妈妈焦急地满世界找他，他居然得意地笑了。回到家里山山免不了又是被父亲好一顿批评，好似皮了一般，山山对这样的批评竟然毫无反应。自此后，山山爸爸发现山山像变了一个人似的，考试故意考砸，家里故意捣乱，看着父母焦急、生气，就相当高兴。

山山爸爸很不解，也不止一次地向我先生大倒苦水，他不认为自己的方法有什么不妥。为此，先生找山山谈了一次，山山告诉先生的居然是希望自己快点长大，长高长壮，这样就可以对一直打骂自己的爸爸还以颜色。

我很吃惊，一个孩子居然会因为爸爸妈妈焦急、生气而高兴。爸爸妈妈对孩子绝对是最无私的，他们应该是孩子最亲近最信任最感激的人，但是山山居然对爸爸妈妈丝毫没有感恩之心，还充满了怨恨。

先生对山山爸爸分析道：孩子的成长是一个不断尝试、不断学习的过程，在这个过程中，孩子难免会出差错，难免有不尽如人意的地方。作为爸爸，不应该用过高的标准要求孩子，更不能对原本表现已经很好的孩子吹毛求疵、挑三拣四。

我不知道山山爸爸有没有听进我先生的话，改变对山山的教育方式，但我知道在现实生活中像山山爸爸这样的人还有很多，我觉得爸爸们实施"狼性"教育是受社会竞争压力的影响，于是一味地给孩子灌输狼的心态，狼的心性，告诉孩子要像狼一样"吃肉"不"吃草"，让孩子具有所谓的强者心态，高标准要求，只是督促他们抓紧时间，广泛学习，增强实力，以竞争的心态时刻准备着接受各种挑战。这原本无可厚非，只是爸爸因此对孩子万般严苛，教育方法也过于激进，往往产生相反的效果，孩子不仅不领你的情，还会造成孩子缺失感恩心，甚至导致性格扭曲。

我一直都认为所谓的“狼性教育”对一个孩子来说是一把双刃剑，一方面可以锻炼孩子的意志，另一方面却会对孩子造成伤害。如果一不小心用这样的方式伤害了孩子，让孩子从身边人感受到的不是美好的感情，只是种种的不满、责骂、挑剔、嫌弃，这样的负面情感体验多了，自然而然对身边的人不再抱有“好感”，从而失去感恩心。

有人研究过，15～18 个月的孩子就可以开始理解与感恩相关的概念，比如，他们开始理解自己需要依赖别人，爸爸妈妈为自己做了很多事情。这个月龄的孩子虽然还不能清楚地表达自己的感激，但已经能够开始理解，自己与爸爸妈妈是不一样的，是单独的人，而爸爸妈妈经常做很多事情来让自己感到开心（比如捉迷藏、拿来水果等）；到了 2～3 岁的时候，他开始会表达自己的感恩之情；到 4 岁的时候，孩子不仅能为获得某些实物（比如玩具）而表达感激，也能够为某些行为（比如友好、关心、赞美）而表达感激。可见感恩是孩子的天性，如果因为后天的教育让孩子失去了这样美好的天性，真是得不偿失。

因此我希望现实中的爸爸们，不要再迷信什么“狼性教育”，请用心多了解了解你的孩子，只要是适合你孩子的性格、特质的教育就是最好的教育。要保护好孩子的感恩心，让孩子的人生充满各种美好的情感体验。

好爸爸行动指南针

爱孩子，但不要试图去掌控孩子，因此当你与孩子沟通交流时，要像对待成人那样地对待孩子，把孩子当成平等的交流对象，尊重他们自己的选择，容忍他们的小瑕疵，比如成绩不好、贪玩、捣蛋、任性等等，让孩子深刻地体会到家的温暖，感受到爸爸对他的爱和尊重，从而让孩子成为一个温情脉脉的人，懂得感恩懂得付出。

3

换个角度看，负面的事情也是礼物

最近，因为关注《爸爸去哪儿》，先生和我讨论最多的也就是五个爸爸和五个孩子。先生说："你没发现林志颖在教育孩子上有点问题吗?"

我摇摇头，我一直觉得林志颖奉行的是"柔情主义"，对待小Kimi温柔体贴，并没有觉得有什么不妥的地方。

先生说："就说扔沙子吧，天天对着石头扬沙子，张亮第一时间是先关心石头，从而让天天知道石头被扬了沙子很难受，之后才教育天天，让天天知道自己错在哪里。这样教育完天天，让天天真心内疚，才让天天去和石头道歉。而当Kimi朝Angela扬沙子，林志颖没有关心Angela，也没有教育Kimi，直接就让Kimi道歉，对于Kimi来说根本就没有形成一个意识链，他不知道Angela会难受，也不知道自己做错了什么，只会机械地道歉，还不一定有愧疚感，只是纯粹照着爸爸的话做而已。"

不得不承认先生的这个分析还是有道理的。我也一直主张孩子有问题比没问题好，用先生的话说"换个角度看的话，其实是非常好的教育机会和改正机会"。我很佩服先生的这种"淡定"和智慧，更让我觉得难能可贵的是他把这种精神也传达给了儿子。

儿子很喜欢玩硬币，有一回先生拿着一枚一块钱的硬币对儿子说："儿子，每一枚硬币都有它的正反面，每一件事情也是一样的，如果你觉得一件事情糟糕透的时候，不妨换一个角度想想，说不定会有意料之外的惊喜哦。"从那以后，儿子就记住了先生的这番话。

儿子班级要开展一次综合性学习活动，四个人一组制作幻灯片，儿子是组长。因为我不怎么限制儿子玩电脑，他们就约好了上我家里来。到了制作幻灯片的那一天，原本约好的周晓晓却突然失约了，儿子给她家打电话也没人接。儿子很生气，和小组的几个成员商量好后，把周晓晓的名字从"幻灯片制作人"中删掉了。过了一会，他似乎觉得有点不妥，又把周晓晓的名字加上去了。小组的其他几个成员有点不乐意，儿子就给他们解释说周晓晓不是故意失约，她比谁都盼望这次的综合性学习活动，也比谁都努力，不应该抛弃她。儿子好说歹说其他孩子才同意保留周晓晓的名字。

事后，我很好奇地问："儿子，你不是决定把周晓晓名字删了，怎么又加上去了。"

儿子说："妈妈，我想周晓晓一定不是故意要失约的，肯定是有事忘记打电话告诉我了。"

"那你不生气吗？"

儿子很认真地回答："生气。可是她很早就盼这次综合性学习活动，她找的资料最多，想到这里我就不应该生她的气。今天我们幻灯片能够制作成功，其实她也有很多功劳的，我觉得我们都应该感谢她，不应该把她的名字删掉。再说制作幻灯片不需要那么多人的，在制作之前我们就选好模板，只要把内容敲上去就好了，这个我会，其他同学也会，她来不来都不影响的。"

儿子不但没有生周晓晓的气，居然还感谢周晓晓，这让我始料不及。

台湾著名漫画家蔡志忠说："如果拿橘子比喻人生，一种是大而酸的，另一种就是小而甜的。一些人拿到大的会抱怨酸，拿到甜的会抱怨小；而有些人拿到小的就会庆幸它是甜的，拿到酸的就会感谢它是大的。"任何事情都有正反两方面，所有的事情，都没有一把统一的标尺来衡量它的是与否，我们的人生总会有一些不如意的地方，如果我们能够做到换个角度看问题，看到那些让我们赏心悦目的能够让我们高兴的一面，我们才会感受到生活的美好，对这个世界才会有一颗感恩的心。

可惜很多爸爸不明白这个道理，当他们遇到不好的事情的时候，并不会换个角度来看待，更不会怀着一颗感恩的心去感谢这件事情带给自己的教训或惊醒，他们只会抱怨、沮丧、无奈，传达给孩子的也是这种不好的人生体验。于是当孩子遇到不如意的事情时，便也只会抱怨、沮丧，体验到的只是消极悲观的情绪和感受，从而对身边的人和事丧失感恩心。

一件事从不同角度去看，就会看到不同的风景，会有不同的感受。我们做事情的时候，请教会你的孩子用积极的心态去对待，多一些宽容，多做一些换位思考，就算再无法逾越的鸿沟，也不能阻挡我们前进的步伐，再棘手的难题，只要换个角度去看待，也许就会有截然不同的效果，就会看到乌云背后的蓝天。这样，孩子才不会因为对身边的人、事感到失望，才能真正感受那些人、事带给自己的成长和意义，才能让他们保留那颗原本晶莹剔透的感恩心。

好爸爸行动指南针

如果孩子抱怨学习辛苦，请不要生气，让孩子换个想法，告诉TA知识会让TA受益一生；如果孩子拒绝帮助妈妈做家务，请不要马上责怪TA，换个想法，让孩子体验一下得不到帮助的感受；如果孩子讨厌老师和同学，请不要怪TA，换个角度看到孩子敏感的心，感受孩子独特的感受……用换个角度的方法，给孩子一个体验美好情感的方法，让孩子对这个世界不失去感恩心！

4

好爸爸懂得给孩子找“苦”吃

刚看《爸爸去哪儿》的时候，其实我很担心这些玩着 iPad、住着洋房、吃着山珍海味的“星二代”，能适应野营炉具和厕所的艰苦吗？事实证明是我多虑了。

有一期节目，石头受伤了，在录制节目前，郭涛问石头是要安静地在家养伤，还是毅然奔赴乡村生活。郭涛说：“在孩子经历这样一个意外的时候，如果我们放弃掉了，也许可能对孩子是一个小保护，但是如果我们迎着这个困难去面对它，也许是他人生的一个财富。”而石头坚守承诺，非常给爸爸面子，他说：“都答应要去了，那还是去吧。”

现在很多家庭都是一男半女，对孩子保护有加，鲜有将自己的独生子或独生女放逐到艰苦的环境中，让 TA 忍受寒冷和痛苦。在父母看来，让孩子吃苦无疑是往他们身上捅刀子。有了这样的想法，父母们一边抱怨现在的孩子吃不了苦，不懂得感恩，一面又将自己的孩子护在羽翼下，不让他们对艰辛有任何的体验。

妞妞是个七岁的孩子，嘴特挑，每每去姥姥家吃饭，经常嫌弃姥姥烧的菜太淡、太烂，还在饭桌上摔下筷子“罢吃”，姥姥只好尴尬地红着脸说明天从外面买好吃的给她。

某日，家里来了很多客人，姥姥一个人忙出忙进准备了一桌子丰盛的饭菜，可是开饭时，妞妞看着满桌子的才嚷道，“姥姥，怎么又是这几样菜，你也太没创新精神了。”大家一听都笑了，倒是妞妞的舅舅很生气，责备妞妞的爸妈道：“妈辛辛苦苦准备了饭菜，妞妞不仅不知道感恩，还挑三拣四的，都是你们给惯的。”

妞妞爸妈三十多岁才有了这么个宝贝疙瘩，疼得不得了，从不忍心让孩子吃一点苦，受一点累，听妞妞舅这么一说，明显有些不悦。

“不如晚饭就让妞妞准备，我们打下手，让我们看看妞妞的创意好吗?”妞妞舅妈怕两家闹出不愉快，开玩笑缓解气氛，没想到听到这样的提议，妞妞一脸兴奋，即便她爸妈制止，却也制止不了她要当大厨的热情。不得已，妞妞妈妈给了妞妞一百块，说陪着她去菜市场买她觉得好吃的菜。可是从菜市场回来后，妞妞的情绪显然落到了低谷，原来冬天出去买菜，手冻得生疼；开始捡菜，菜把手指上的热量都带走了，冻得不得了，一面捡菜，一面要呵气取暖，如此拣菜这么简单的事就变成了一项艰难的浩大工程，让妞妞沮丧不已。

吃晚饭的时候，妞妞舅故意说：“你怎么捡的菜，烂的叶子都捡进去了，弄得这个菜味道好苦。还有，这个买的什么豆角，这么老，咬都咬不动，让人怎么吃，还有……”

妞妞舅的话还没说完，“哇”的一声，妞妞委屈地大哭起来。她把手伸出来给大家看，说为了准备这顿晚餐自己的手指头快断掉了。妞妞舅不忙着同情，拉出姥姥的手给她看，劳作了一辈子，姥姥的手布满老茧，指头也变形了，有冻疮的地方又红又紫。

“你每次吃的饭菜就是这样一双手做的。相比较你受的这一点点苦，姥姥是不是更可怜?”舅舅凝视妞妞的脸。小朋友一下涨红了脸，过了好一会儿才说道：“姥姥，对不起，当自己做的饭菜被人嫌弃，别人不懂得自己的付出时，我才知道您有多不容易。”一席话说得所有人几乎热泪盈眶，妞妞的爸妈用感激的眼神看着妞妞舅。此时他们也才意识到，原来孩子还可以这么教养。

其实没有哪个孩子天生就能够意识到生存有多艰辛，也无法理解父母养家付出了多少汗水和心血，正因为他们这样的意识很淡薄，才需要父母的引导，让他们从吃苦中懂得生活的不易，懂得付出得到回报的甜蜜，并从吃苦中历练个人的精神，锻炼自己成长成一个真正能适应社会，能客服一切困难的优秀人才。

只是遗憾的是，大部分的孩子都是在爸爸的溺爱中长大的独生子女，爸爸们把他们保护得太好了，从不让孩子体味养育的艰辛，也不让孩子通过吃苦来历练意志，即便想要让自己的孩子变得坚强独立，也只是流于表面说教。孩子们体会不到生活的艰难，不知道劳动为何物，以为自己的人生一直会有人负责和照顾，从而无法坚强和独立，更不会体会到自己的享受生活是爸爸妈妈甚至是姥姥、姥爷、爷爷、奶奶和其他亲戚为TA付出了金钱、精力、健康甚至是生命换来的，不知道感恩，更不知道回报。

于是，我们常常看到，如此成长的孩子会往地上扔垃圾，认为环卫工人去清扫是理所应当的；生日的时候，别人送TA礼物是应该的，收不到礼物便大喊大闹；家人变着法讨TA欢心，高兴了就亲近亲近家人，不高兴了则百般挑剔，甚至无故哭闹；因为体会不到生活的不易，一旦步入社会，吃不得苦受不得累，有的甚至成人了还要当寄生虫……以上种种都是父母的溺爱所致。

另外，在很多爸爸或者说大多数人身上还存在一个问题——对待别人给予的小恩惠常常表现得感激不尽，却对亲人的恩情理所当然或视而不见。正因为父母的这种表现，孩子才会对自己亲人的付出视而不见，对父母给他的一切觉得理所当然。

因此，爸爸们别再舍不得你的孩子，他们没有你想象的“懂事”，可以自己茁壮地长成一棵“栋梁之树”，但是也没有你想象的那般娇弱，承受不了生活中的风风雨雨，让孩子适当地吃点苦，去体验身边人的不易，这样他们才会真正地学会感恩和珍惜。

好爸爸行动指南针

不要太溺爱孩子，适当地让孩子吃点“苦”，这对孩子来说是最好的感恩教育。想要让孩子“吃苦”，可以让TA体会一下家中“伙头军”、“洗衣工”、“清洁工”等的劳累，甚至当一天“临时家长”，或者带着TA去参加一些社区组织的活动，也体会一下扫马路、花坛拔草、擦栏杆等活的艰辛。这些都有利于孩子的成长。

5

好爸爸告诉孩子感谢每次的摔倒

晚饭后，我去家附近的公园散步。公园里有一处一米高的台子，很多小孩都在上面玩，其中有个小孩一边伸开双手跳一边兴奋地喊："爸爸妈妈，你们快看，我会飞。"孩子的爸爸刚要去抓住孩子，没想到那小孩一脚没踩稳，从花坛上掉了下来，重重地摔在了用石头铺成的小道上。

其父母急忙跑过去，估计人多孩子有些不好意思，一边哼哼，一边想挣扎着站起来，他的父亲没有拉他起来，而是急忙按住，让他先在地上躺一会，确定没事了，才将孩子扶起。我们围观的人眼见那孩子摔得有些惨，胳膊腿都蹭破了皮，脸上有一个大大的青包。

很多人建议赶紧抱起来送医院，没想到那位爸爸并没有急于那么做，而是蹲下来静静地搂住了孩子，这样待了三分钟左右，他的爸爸才对儿子说："没关系儿子，男子汉要长大哪有不磕绊这么几次的。只要没伤骨断筋咱就不觉得这是受伤，而是一次教训和经验。下次可不能还没掌握脚下的情况，就盲目地要飞翔了。"

那孩子大概这会儿才从惊吓中缓过神来，突然"哇"一声大哭起来。

他的母亲慌了手脚，赶忙过去安慰，倒是那位爸爸依然不紧不慢地说道："你看，你已经爬起来了，能够爬起来就不需要哭了。在爸爸心中你可是小超人哦，没有什么能够打倒你的，即使暂时被打倒了，你也能很快勇敢地站起来，不是吗？"

爸爸的话很奏效，那孩子马上就不哭了。

"你应该感谢这次的摔倒，它证明了你是打不败的，不是吗？爸爸希望你记住‘爬起来永远比跌倒多一次’，只要能够爬起来你就是胜利的。”说完这席话，这位爸爸拉起坚毅点头的孩子的手往前方走去。

生活中我们时常所见的是这样的情况：孩子在前面走，爸爸们在后面一边追一边喊：“慢点，好好走路，小心摔倒。”话还没说完，孩子就摔倒了，趴在地上哇哇大哭。爸爸跑上前，一边扶起孩子一边抱怨：“我告诉你别跑，你非得跑，看摔倒了吧，真是活该。”听了这话，孩子的哭声随之加大，他愤愤地说：“都是破地板，破路的错。破路、破地板，我揍它，揍扁它……”说着啪啪就对地板来了两下，孩子破涕为笑，自己过去也对地板来了两脚，问题解决了，可孩子下一次依然不知道注意，依然摔倒，依然把摔倒的根源归结到地板、马路。鲜有人像我看到的这位爸爸一样，把一种不怕摔倒，摔倒了赶紧爬起来的观念传达给孩子。

作为一个爸爸，拿什么来去教育孩子？就是自己的风度。爸爸就应该在孩子面前表现出一种品质——风度，尤其是在遇到逆境，遇到自己接受不了的人和事时，爸爸如何表现风度这是带给孩子内心的一种力量。此外，这种风度还表现在对孩子的失败、过失、错误、挫折表现出的一种淡定。

因此，当孩子遇到问题时，你可以不用说话，先静静地拍拍孩子的头或肩膀，你的冷静会影响孩子，促使孩子也很快冷静下来，冷静之后才能令孩子思考学习。接下来需要你用乐观的方式帮助孩子解释和分析。孩子摔倒，心里有些埋怨在所难免，但是过多的埋怨只会给孩子带来消极的影响，倒不如在他冷静下来时，告知他是什么导致了他的摔伤，要从孩子自身找到原因，并告知他摔倒不可怕，可怕的是不长记性。每一次摔倒都是一个教训，教训累积多了，也就避免再次摔倒了。

好爸爸行动指南针

每个孩子都会碰到不称心的事情，即使天性乐观的孩子也是如此。当孩子遇到困境时，你要多留心孩子的情绪变化，如果孩子闷闷不乐，父母无论自己多忙，也要挤出一点时间和孩子交谈，教育孩子学会忍耐和坚强面对，鼓励孩子凡事多往好的方面想，不要尽往消极的方面想。

6 不要把孩子当成你梦想的“承载体”

我发现很多人当了爸爸后都有着这样的私心——希望孩子能够实现自己的梦想，就像一个爸爸说的：“我小时候很喜欢唱歌，在学校最喜欢的课就是音乐课。老师教的歌一般很快就会学会，那时想过长大以后能从事音乐方面的工作。不过这个梦还是很快就破碎了，读高中读了理科，上大学读了一个工科的专业。所以我送孩子去学钢琴，就是希望孩子能够帮我圆了音乐梦。”于是，为了所谓的“梦想”对孩子高要求，逼着孩子按着自己指定的道路前行。可是，你有没有想过孩子开不开心，孩子愿不愿意？

毛毛爸爸是老公的同学，有次到我们家吃饭，向我们讲了他“痛苦”的童年：

毛毛爷爷非常喜欢音乐，但是当时家里穷，只好买个最便宜的竹笛给他吹。后来他渴望读书，但是赶上“文化大革命”，到现在都为自己只是高中学历而遗憾。于是，有了毛毛爸爸后，毛毛爷爷就把自己曾经的梦想寄托在毛毛爸爸身上。

毛毛爸爸六岁开始就学习钢琴，在那个年代，一个小城市能花一年收入为孩子买一架钢琴的家庭实属少数。就这样，整整小学时光，当其他孩子能够早早放学回家时，毛毛爸爸还得跟着音乐老师练琴。除了练琴，毛毛爸爸还得练毛笔字。当年在钢琴和毛笔字上虽然也得过一点小奖，可现在毛毛爸爸早已不碰小提琴，字也没好看到哪里去。要命的是毛毛爸爸一点都没觉得自己的童年快乐。长大了，毛毛爸爸依然要受毛毛爷爷的影响，本科读完了，要考研；硕士毕业了，要考博士。毛毛爸爸实在是不想读书了，但是老头子很倔，每次来家里还不忘叮嘱他准备博士考试。

大概因为自己的经历如此，所以毛毛爸爸对毛毛的要求非常简单，只希望他开心快乐就好，不逼着他学任何他不感兴趣的事情，也不一定要做拔尖的孩子，只要能顺利把书读完，成绩不垫底就好。在他看来，孩子能够过上平常人简简单单、快快乐乐的生活，比什么都强。

我问毛毛爸爸："你没有给毛毛最好的条件，没有给他最严格的要求，万一他长大以后不如别人从而怪你怎么办？"

毛毛爸爸笑着说："你看我爸爸一辈子倾其所有给我提供最好的学习条件，换来的只是让我遗憾没有一个快乐的童年，说实话我感觉自己的人生都被他绑架了，我并不感激他。我不希望将来毛毛也这样对我。"

我先生对此的看法是，孩子应该有孩子自己的人生，也许他们小，不清楚自己的人生规划，但是孩子是独立的人，我们把自己的无法实现的梦想寄托在他身上，说好听点是为孩子好，说难听点就是绑架孩子的人生，有可能他一辈子都不会开心快乐，不仅不会感激你，有可能还会埋怨你，甚至埋怨整个社会。

很多爸爸一辈子没有特别的成就，便把所有的希望寄托在孩子身上，希望孩子实现爸爸无法完成的梦想。于是，常可以看到毛毛爸爸一样的孩子，表面看像超人一样，十项全能，可心里对那些普通孩子能够开心玩乐向往不已，每每父母一逼迫，内心的反抗情绪就会见长，所以大多数把自己的梦想施加到孩子身上的父母最终得到的结果是，孩子不但未能让他们梦想成真，还对他们充满了怨恨，亲子关系一度很紧张。

《爸爸去哪儿》五个爸爸可以说是功成名就，特别是张亮，其人生可谓成功学的经典案例，但是他对待天天，像是对待自己的哥们一般，更不会告诉天天你现在应该学习什么，长大了要如何，而是按照天天自己的想法快乐生活。

如果你希望孩子成为人中豪杰，那么就从自己做起吧，以身作则，在每天的生活中做出成功的表率，那么孩子自然就会模仿你的积极人生态度，和你一起进步。如果你信任孩子，多给孩子鼓励、支持、爱护，帮助孩子发掘内在的灵性和才智，让 TA 做 TA 喜欢的事情，也许孩子开始不一定鹤立鸡群，但稳定的心性和自然积累的自信定可让 TA 拥有健康的感恩的人生态度。

好爸爸行动指南针

不要说怕孩子不懂规划未来，不要急于包办孩子的生活，尊重孩子的选择，放手让TA做自己喜欢的事情，让TA在自由的空间中成长、发展。多鼓励、支持、爱护孩子的每一个奇思妙想，让孩子感受到爸爸无条件的接纳和关注，渐渐地，孩子会在自信和自由中寻找到属于TA自己的梦想，并为之不断地努力。

第八章 说你笨你还真笨

——爸爸影响孩子的智力

1

聪明爸爸在乎过程而不是结果

白寺村那一期的《爸爸去哪儿》亮点除了五位爸爸的变装秀以外，还有可爱有趣的小猪赛跑环节。在这个环节中，Kimi 已经不再是节目录制初期那个羞涩的小男孩了，还颇有点力争第一的气势。但是他的小猪却不给力，情急之下小家伙发起了小脾气，大喊着“我不要输”，我还担心他会放弃比赛，还好他坚持跑完了，还拿了第三名。比赛后，林爸爸及时教育小 Kimi 不一定要争第一，坚持完比赛才是一种胜利。

现实中，很多爸爸都很在意结果，任何事总希望自己的孩子能力争第一，明知事事争第一不好，却又见不得自己的孩子不如人，成不了冠军，受不到关注。于是，他们总是这么说，“拿不拿得了第一，成不成得了冠军没关系”，可一旦自己的孩子真落后了，他们又相当难过，时不时唉声叹气，“哎，我的孩子怎么就不如人呢?”当孩子拿到第一时，他们就又欢呼雀跃地说，“我孩子真棒，真厉害，继续加油，争取更好!”……大人的这些话语，让孩子接收的信息就是：爸妈永远希望你是第一名，你不优秀，我们会相当失望。于是在爸爸这种不自觉的暗示下，孩子开始只关注结果，认为也只有结果才能证明自己的水平。久而久之，孩子无法享受做某件事的过程，只是不择手段地追求结果，结果一旦不如意，他们就异常痛苦，甚至做出过激的事情。

有位爸爸，从他的孩子上幼儿园开始，他便不断地向儿子输送“一个人在各方面要努力争取第一才能出人头地”等话语，以为只有把第一根植在孩子的脑海深处，才能让他变得更优秀。

孩子确实没有让他失望，上幼儿园期间几乎就是学校的明星，不管举行什么活动，他的孩子都能很争气地拿到第一。但是，问题也随这样的成绩而至，他的孩子的笑容越来越少，愁苦的小脸上似乎写满了各种担忧，他会为第二天的运动会整夜睡不着觉，会为幼儿园举行的拔河比赛坐卧不安，会为老师选其他小朋友当迎接家长的小礼仪莫名难过。这样的情况到了他上小学更加的严重，他的脾气越来越暴躁，只是因为母亲进来给他送一盘水果，他就歇斯底里地大叫，说母亲打扰到了他复习，明天有很重要的考试。明明有些事情他不擅长，可为了让自己在这件事情上拿第一，他没黑没白地死记硬背，死学硬学，一旦某些内容因为不能理解无法记住，他就会疯狂地敲打自己的头，掐自己的胳膊，甚至突然号啕大哭。

眼见着孩子的脾性越来越古怪，不明就里的父母还以为孩子学习压力大，乘着假期带着他到处旅行。可是，即便是在旅途，孩子已然没有了孩童的天真和对各种景观的趣味，无论走到哪里，心里总想的就是怎么成为第一：见人爬山，他要拼命追赶，直至自己成为第一个到达的；等座位吃饭，他要先于别人拿到座位票；就连上厕所，他也要争争抢抢地挤到比他早到的人前先上……

他的爸爸见他如此状态，告诉他这是出来旅行，不是参加什么比赛，让他不要太有压力，不要还卸不下学业的压力。没想到孩子突然精神崩溃了，大喊一声说，“你们一直渴望我拿第一，怎么现在又要求我慢下来了，现在你让我怎么慢下来?”一句话让他的父母惊讶不已。这时他们才知道，他们从孩子三岁起就强调的第一已经根深蒂固在孩子的脑海了，现在不想让他去争第一已经不可能了。而孩子所有精神的压力和表现出来的异常行为都是这个第一害的呀！

孩子的父亲通过孩子的这句话也才开始反思自己的人生，他四十岁不到，在过去的几十年里，他一直在拼命地争取做最好的自己，要成为单位工作做得最好的，发表论文最多的，家庭最富有的，妻子最贤惠的，儿子最棒的，因为什么都要最好，他一直活得非常累。有时也想停下来，可手闲了，心却无法悠闲，满脑都是别人也许正在赶超自己，自己怎能放慢脚步。于是，又开始马不停蹄地处于繁忙中，可实质上如此劳碌也未见做出什么惊天动地的事情。现在虽然他在批评儿子要轻松地旅行，可自己的内心何时轻松过，眼在看风景，心在想自己放松的日子里，别人是不是已经超越自己很多很多了。作为成人的他都无法控制自己的心，如何要求已成惯性的儿子收起争取第一的心呢？

所谓求得多，累得也多，如果求多的同时要求第一，更是累上加累。人生中很多的事情不是说我们争得了第一就是成功，更重要的应该是享受争取的过程，投入进去，好好努力，至于结果怎样并不重要。这才是做好一件事的极致。如果只是追求结果，而不去享受过程，那么追求的过程就是自虐，虐身虐心。甚至可能让自己精神崩溃。

人生就像一场马拉松赛跑，无论是成功还是失败，结果都会转瞬即逝，人生会面临无数的竞争和考验，没有哪一次可以决定我们漫长的一生，对于孩子更是如此。那些既定的结果，无论输赢，告诉孩子都不要太在意，而是应该看看能够从中发现什么、学习什么，当面临下一个目标的时候，怎样做才会更好，这才能真正促进孩子智力发展，给孩子一个“聪明”的未来。

好爸爸行动指南针

想要孩子不要太过注重结果，爸爸需要放平自己的心态，把输赢看得淡一些，在孩子从事一项学习或比赛时，引导他们把注意力放在学习的过程，从而真正地锻炼自己丰富自己。比如孩子学习钢琴，你应该告诉他：“学钢琴不是为了让你获奖什么的，而是让你能够感受到音乐的美妙。爸爸希望你在学习时能够心灵愉悦。”

2

好爸爸会用花花草草充实孩子的知识库

看《爸爸去哪儿》时，儿子对里面出现的任何事物都充满了好奇，特别是看了大电影后，一个劲地嚷嚷自己大长见识，吵着让爸妈也带着他多出去见识见识外面的世界。先生笑着听完，拉着他说“这就带你去见识外面的世界”。

先生所谓的外面的世界，不过是家附近的公园，傍晚的阳光很暖，我们三人走在一条僻静的小道上，正当儿子对他爸爸所谓的外面的世界报以不以为然时，先生说道，“学问不在远近，心中有求学之意，整个世界就在你脚下！”随即，他指着路边的花花草草向他介绍起这些植物的科类和历史来。不过百米的小路，先生竟绘声绘色地为儿子讲了很多植物的发展、来源、所属科类以及作用等，让我和儿子不得不用既崇拜又觉得不可思议的眼神看向先生。儿子更是粘着他的爸爸说道，“爸爸，你真牛，我还以为草就是草，花就是花呢，没想到这其中还有这么多让人意想不到的内容。”显然，儿子已经被他爸爸所讲的内容吸引了，催促着先生继续。

等我们逛完整个公园，儿子已经从他爸爸那里吸收了不少新知识，兴奋地看到不同的植物，就大声地跟我说道，“妈妈，你瞧，这是蕨类，根浅，吸水能力强，对环境适应能力好，缺点是多数不开花。还有那个……”

当儿子有说错的地方时，先生则及时纠正，对两人都不太熟悉，也不能确定的植物，他们拍了下来，打算回家上网查个清楚。

这件事情过后，我发现儿子开始变得爱观察了，总能发现自己感兴趣的东西，还经常自己动手研究一番，不懂的就问爸妈或上网查资料。

现在他认识的动物和花草居然比我还多。

记得一个法国教育家说过：当小孩还不会走路的时候，就应当带他们认识周围事物，重要的是让他们能把视觉跟触觉联系起来，去学会认识空间。我们要使孩子头脑灵，先让他们眼睛明。孩子的眼睛总是好奇的，对身边事物的观察力也很强，说话、走路无一不是通过 TA 的眼睛观察得来。

说来，人的大脑所获得的信息有 80% ~90% 是通过眼睛和耳朵吸收进来的，所以说观察力是智力的门户，任何一个孩子，如果没有较强的观察力，则智力水平很难达到一个较高的水平。

因此，爸爸要从小就培养孩子的观察力。而对于孩子来说，神奇变化的大自然是最具有吸引魅力的大课堂。你看，《爸爸去哪儿》这个栏目大多安排在自然村，让孩子们和爸爸们回归自然，不论是身体还是认知上，都给了孩子很好的锻炼。

所以爸爸们也可以带着自己的孩子多到大自然中去学习观察，春暖花开时，带着孩子到公园或田野里，观察树木花草的变化，引导孩子发现春天的到来；炎炎夏日时，可以带着孩子到森林、溪流观察花草的姿态、颜色及小动物们的避暑方式；秋高气爽时，领着孩子观察花草叶子变黄结籽的变化，观察秋高气爽的天空和南飞的大雁等；大雪纷纷时，引导孩子观赏雪景，动手堆雪人等。

当然，作为爸爸，你在培养孩子的观察力前，首先得让自己有这方面的兴趣和知识，你什么都不懂，还要求你的孩子有观察力，好学善学，那孩子的积极性是无法带动的。

好爸爸行动指南针

在家里或外出，可以随时确定一种观察对象，让孩子进行有目的地观察。比如，观察山水、树木、花草；观察一件工艺品的形态、颜色、特点、制作水平；观察做饭、做菜的全过程……为了提高观察效果，你还可以边引导孩子观察边用语言描述，还可以与孩子互相评议，看看观察得仔不仔细，描述得逼不逼真。

3

会教的爸爸懂得让孩子有成功的体验

林爸林妈想把客厅和卧室的家具做个小调整，害怕灰尘太大会影响儿子小如的呼吸，所以，决定将他送到奶奶家待一天。可是，当他把想法说给孩子听时，小家伙不乐意了，说他已经是男子汉了，没那么脆弱，并强调他可以给爸爸帮忙。为了不打击他的积极性，林爸爸只能按照他说的办。

整理开始了，小家伙跑进跑出，显得非常兴奋，一会儿拿着妈妈刚刚挑出来的旧衣服问是不是要打包丢掉，一会儿又拿着自己的旧玩具往垃圾袋里装，虽说积极性高，可帮的几乎都是倒忙。眼见如此，林妈妈灵机一动，指着清理出来的一堆小木块对儿子说："你帮妈妈把这些拿到客厅去，装在袋子里，扔到小区的垃圾桶里。"

小如非常痛快地答应了，动手开始搬运起小木块。

不一会儿只听见他高兴地跑到爸妈身边说："妈妈快来看，我用小木块搭了一座房子。"

林妈妈一听，说道："我不是让你把它们扔掉吗？不听话！"

听见妈妈如此说，小如明显不高兴了。林爸一看，过去拍了拍儿子的头说："走，爸爸去看看你搭的房间，刚好爸爸需要休息一下。"

两人来到客厅，林爸爸看到一座根本称不上房子的房子，但他并没有打击自己的儿子，反而用惊讶的表情说道："哇，看不出来你还有当建筑师的天分。"

听到这样的话，小如居然不好意思了，害羞地说道："爸爸，真的吗？"

林爸爸肯定地点点头："爸爸相信你会用这些小木块造出一座非常

了不起的房子。要不这样，你先在这里造房子，我和妈妈先去收拾房间，等下你要给我们一个大大的惊喜，好吗?”

小如高兴地点了点头，马上就开始研究起他的房子来。

半个小时后，小如又跑来喊爸爸，当他们夫妻两人来到客厅时，看到的竟是一座有门有房顶像模像样的木头小屋子。林爸爸爱怜地摸了摸儿子的脑袋，而林妈妈则惊讶地说道，“儿子，你真棒，你太让妈妈意外了。原来你这么能干。”

小如听到这样的夸赞，兴趣更浓地说道，“爸爸妈妈，我会搭一个更好的房子出来的，你们等着瞧吧!”

虽然是一件小事，但从林爸爸鼓励小如这件事我发现，孩子喜欢做事情，除了感觉有趣以外，更重要的是做一件事情的时候，能够让他有成就感，这种成就感来自于别人对他的肯定和鼓励。

有心理学家研究过，爸爸的肯定和鼓励有助于开发孩子的智力潜能，能够成为孩子坚毅和成就的动力。有才且成功的爸爸如果经常和孩子在一起，使孩子经常有机会观察并模仿爸爸，对于发展他们解决问题能力也是极为有利的。

在爸爸对孩子智力的影响上，我觉得还有很重要的一点那就是爸爸要懂给孩子成功的体验。比如，《爸爸去哪儿》里面很多环节都是采用竞赛式的，除了可以很好地提高孩子的积极性，还可以让孩子获得成功的体验。不管是哪一对父子，一旦成功胜出总不忘彼此庆祝一番，天天和张亮击掌，Angela 和王岳伦亲吻……不仅分享成功的喜悦，更是给孩子强化成功的体验。我们也可以看到随着节目的继续，孩子们进步都非常大，一个个总能爆发出惊人的能量，让人惊喜、感动。

可见，成功的体验是孩子潜能开发的催化剂，只要爸爸方法得当，让孩子获得足够多的成功体验，孩子会更自信、聪明地成长起来。

好爸爸行动指南针

想要给孩子成功的体验，就要鼓励孩子对身边的事情勇于尝试，不过不能叫孩子做太难太苦的事情，毕竟孩子还小能力有限，一旦完不成就不能获得成就感。当孩子做好一件事情的时候，不要吝啬你的赞美，赞美的时候要具体，比如夸TA颜色运用得好，夸TA想的办法省力，夸TA能把多种素材很好利用等，这样才会让孩子觉得你不是应付，而是真的在肯定TA。

4

有心的爸爸，孩子记忆力强

儿子从三岁开始正式接触亲子阅读，先生每次回来都会给他买一本故事性很强的好玩的绘本，一开始我都会把绘本当做儿子的睡前故事讲。虽然我在读，可我自己记住的细节并不多，儿子虽是用耳听，可他竟能把每个故事都记得很好。

我想，大概是我讲得绘声绘色，加之儿子确实记忆力好，才会让他把每一个故事记得那么牢吧，所以，当其他妈妈抱怨自己的孩子如何笨，记忆力如何差的时候，我便有了得意的资本。

只是后来，儿子道出了原委，原来但凡是先生送他的绘本或我为儿子购买的，只要儿子曾接触过，先生都会在与儿子独处的时光里，跟儿子好好探讨。而在探讨前先生是做足了功夫，每每送出绘本前先生自己都要先快速读一遍，如此与儿子探讨时，才能更深入。两人在公园散步或者躺在床上闲聊时，先生都会让儿子讲一个妈妈曾讲过的故事给他听。当儿子讲到某处忘记内容时，先生都会很好地做出提醒，让儿子对他不由得刮目相看。有时，先生会拿了书本放在一边，让儿子跟先生比赛，到底谁讲得内容更趋近书本的描述。如此趣味的亲子时光，让儿子对阅读的兴趣更加高涨，每次我讲时他都会更加用心听和记，以便下次跟先生比赛讲故事时，能赢过爸爸。

为了培养好儿子，先生可谓用尽心思，只要与儿子相处，他都能用身边的事物引导儿子变成一个各方面能力都很棒的人。比如去逛商场，当路过商店橱窗，看到里面精美的物品时，先生总是拿出娱乐精神，让儿子仔细地观察那些陈列的东西，观察时先生还和儿子讨论那些东西的特征。随后，离开橱窗，让儿子和自己把各自看到的物品说出来，再折回橱窗口看谁记住的更多。这种趣味的记忆锻炼方法，让儿子的情绪时时处于愉悦状态，学习记忆的心态也就更为端正。

一个人要想积累丰富的知识和经验，离不开良好的记忆力。最良好的记忆状态是敏捷、正确、持久，同时还应有良好的回忆能力。孩子记忆能力的高低固然与先天的禀赋有关，但后天的培养、训练也是至关重要的，它关系着孩子智力的开发和发展。我们都知道孩子的记忆力有其独特性，他们记得少，忘得快；记忆缺乏目的性，无意识记为主，只对形象鲜明的对象、感兴趣的事物或引起强烈情绪体验的事能记住；往往记忆方法呆板，存在记忆不精确、记忆不完整、相互混淆、歪曲事实和易受暗示等问题。因此需要父母有针对性有目的地进行训练。

记忆力关乎孩子的智力，孩子智力的发展既有遗传因素，也有后天的各种环境因素，爸爸作为影响孩子的环境因素之一，作用更是不可或缺。比如，爸爸的逻辑思维能力比妈妈强，就能够更好地引导孩子分析分类，进行有目的有意识地记忆。但是不论怎么样，孩子记忆不是一蹴而就的，需要从简单到复杂，从少到多的过程，爸爸给孩子提出的记忆任务，引导孩子记忆的时候，要尽量具体、难度适中，不要急于求成、拔苗助长。

总之，孩子记忆智力的培养是需要循序渐进的，爸爸要耐心地引导孩子，让他们学会有效的记忆方法，促使他们去探索、交流，以达到提高记忆智力的目的。只要你能做个有心的爸爸，积极开发孩子的智力，孩子的记忆智力就会迅速发展到一个新的水平。

好爸爸行动指南针

培养孩子并发展孩子的有意记忆能力是非常重要的，为此就需要用各种方法尽量帮助孩子理解所要记忆的东西。实际操作中你可以向孩子提出一些问题，如“鸟为什么会飞”、“房子的颜色是什么”、“鸭子为什么能在水中游泳”等，引导他们通过积极的思考，在理解其意义的基础上进行记忆。

5 好爸爸游戏中打开孩子智力大门

我想《爸爸去哪儿》之所以会受欢迎，大概就是五位爸爸与孩子们的竞技比赛有看头。有育儿专家认为："爸爸与孩子亲密，对孩子的大脑发育有极大的好处。"难怪有人说爸爸是孩子最有魅力的游戏伙伴。

如果你足够仔细会发现，大多数爸爸喜欢以玩的方式和孩子互动、交流，而妈妈更喜欢用教育的方式陪伴孩子。有爸爸陪伴的孩子比起那些没有爸爸陪伴的孩子显得更开朗、聪明，对外界的事物的接纳能力，对知识的学习和吸收能力都会很强。

先生虽然工作努力，但却是工作与休闲分得很开的人，每次只要下班，他在家就甚少做公司的事，多数的时间不是用在看电视报纸上，而是陪儿子进行美好的亲子游戏时光。从儿子牙牙学语到现在为止，先生与儿子玩过的游戏已经数不清了，从幼时的捏橡皮泥、滚球、玩积木、搭房子、拍球，到大一点的单足站立、学骑自行车、跳绳、踢毽子，再到玩多米诺骨牌、成语接龙……在这么多的游戏当中，弹玻璃珠是儿子和先生最经常玩的游戏。

这一游戏从儿子两三岁开始一直玩到现在。只见父子俩在客厅席地而坐，把玻璃珠放在地上均分，接着每个人手里暗攥几个，然后分别将手心打开，查看对方出了几个子，谁出的多谁就争得优先权。然后将双方的子放到一起在地板上撒开，选择小指可以划过的最近的一个玻璃珠，用手指将其弹出去碰撞对面的玻璃珠，如果击中了对面的玻璃珠且没有碰到其他玻璃珠的情况下，弹珠的人就可以赢得一子，直到没有击中目标或碰到了别的子而终，然后将发子权转交给对方。有的时候我也会加入这样的游戏，每次我都玩不过儿子，他在角度的切入，力道的把握上控制得非常好。

先生强调，玩这样的游戏是为了锻炼儿子的眼手协调能力，从而促进其大脑发育。

有育儿专家强调，父母与孩子之间进行的游戏是开发孩子智力的最主要途径。先生的做法便是基于这一言论的影响。通过观察我也发现，比起父母不怎么陪孩子玩游戏的小孩，那些时常处于欢乐的亲子游戏时光的孩子，其聪明度和灵敏度都比前者强。

每个孩子都喜欢游戏，游戏是孩子童年最主要的乐趣之一，玩游戏还是最适合孩子的认知方式和娱乐方式。孩子玩游戏的过程就是学习的过程和成长的过程。玩游戏是需要伙伴的，对于年幼的孩子来说，爸爸是最有魅力的游戏伙伴。可惜很多爸爸因为忙，或者因为懒，或者觉得跟小孩子没什么可玩的，忽略了游戏对孩子智力成长的作用，不会和孩子玩，也不懂得怎么和孩子玩。

曾有一个教育学家在一次演讲中问爸爸们："给你几张报纸，你能和孩子玩什么游戏?"一大半的爸爸表示没什么可玩。当教育学家说可以折飞机、轮船、帽子、玩摔纸牌等游戏时，爸爸们无不面露羞色。如果仔细地再去想想，几张报纸的游戏可以达 80 多种。游戏本身就是一种学习，是孩子获取经验、发展智能的妙方。事实上，对于孩子而言，无论是弹玻璃球、跳地板格、过家家等这些流传多年的传统民间游戏，还是在早教机构、幼儿园和学校进行的创造性游戏，都能促进孩子智力发育。

所以，爸爸们从现在起你要认识到人的许多优良品质和天分都隐藏在游戏中，对于游戏教育的态度需要由漠视转变成一种使命感。你不必购买昂贵的玩具和娱乐设施，陪孩子们一起做好玩的游戏就可以了。

好爸爸行动指南针

平时可以购买对孩子智力发育有益的玩具，尽量不要买那些有意要吸引你但不能使孩子产生兴趣的玩具，让自己花点心思了解哪些玩具能带来最长时间的、最大的好处。另外，和孩子玩游戏的时候可以有针对性，比如你想加强孩子分拣能力、计算能力和归类能力，可以和孩子玩归类游戏，把玩具归类，把书本归类，将纸牌分类计算等等。

第九章

授之以鱼，不如授之以渔

——爸爸引导孩子的学习力

1

孩子的学习态度有赖于爸爸的引导

同事的孩子小鹿看完《爸爸去哪儿》这一节目后，时常向爸妈感叹："那些孩子真幸福，可以到处玩，都不用学习。"

这话让同事很是吃惊，他突然意识到女儿眼中的学习就是上学，就是学习课本上的知识，意识到这点后，他想看来有必要和女儿好好谈谈了。

同事问女儿："你觉得《爸爸去哪儿》里的小孩子很幸福，就因为他们不用学习是吗？"

"是的。"小鹿点点头。

"那在你眼中什么是学习？"同事继续询问。

"学习？"小鹿想了想说，"学习就是坐在班级里学习老师教的东西。"

先生摇摇头："你看爸爸们不会做饭，也很努力地学习做饭；Kimi刚开始很依赖爸爸，后面也渐渐地学着独立，瞧，后来他的表现有多好；Cindy一开始只会哭，后面也学会了控制自己的情绪去适应环境；小朋友们在每个地方都会遇到自己不认识的东西，他们都会虚心地去问身边的人这个是什么，那个又是何物……难道这些都不是学习吗？"

小鹿突然就茫然了。

"学习的范围很广，"同事耐心地说，"不要把学习只局限于学校的课本学习，只要是你不懂得，不认识的，就是需要你去学习的。爸爸希望你对学习有一个正确的认识，对学习有一个正确的态度。"

"什么才是正确的学习态度？"小鹿不解。

"爸爸举个例子。你最熟悉的学习就是课本知识的学习，那么，我问你爸爸在意过你的成绩了吗？”同事问。

“难道你真的不在乎我的成绩？”小鹿并不理解爸爸的话。

“不在意。”同事非常肯定地回答，“爸爸不在意你的成绩，爸爸只在意你的学习态度。比如每天的作业，我不要求你写得多么美观，但是我会要求你必须认真，那是端正态度问题，态度出问题了，学习肯定也会出问题，那么这个人也会出问题；比如上课，上课认真听讲，这也是一种学习态度，一个学生如果不尊重课堂就是不尊重老师，不尊重老师就是不尊重知识，那么TA的学习也好不到哪里去——你只有具有良好的学习态度才能够享受学习。”

经同事这么一分析，女儿小鹿似懂非懂地说：“好像明白了，爸爸不在意我的学习成绩，在意我的学习态度，有好态度才会有好学习。”

同事摸了摸女儿的头，点头称是。

看来在教育孩子方面，同事很是有一手。确实，孩子的学习并不是局限于学校课本知识的学习，从婴儿最初的模仿，到对外界事物的探索，到学校的知识的学习等等，都是学习，可以说孩子的成长过程就是孩子学习的过程。而在孩子成长的道路上，端正学习态度是非常重要的，好的学习态度将直接影响孩子的一生。

所谓学习无处不在，如果孩子能在爸爸的引导下，把所有接触的人、事都当成学习对象，时时学习，处处学习，且能用心学习，那么这个孩子的内心世界将会无限丰富。只是问题是，孩子并没有很强烈的学习意识，这就需要父母，尤其是父亲的引导。父亲在引导孩子时，不但要自己学习态度端正，学习认真，求知欲浓，还要引导孩子也爱上学习，学得专注用心。

我一直很赞同一句话，态度是实力的基础，不论对什么事给孩子一个好的学习态度，让孩子变得主动、进取、奋斗，就像《爸爸去哪儿》里的爸爸们一样，让孩子遇到每一件事不退缩，积极、乐观地去做，通过尝试为自己积累许多宝贵的经验，并在学习中思考，从学到的点滴中思考并扩展出更多的知识，如此便丰富了孩子的学习内容，丰富了孩子的人生。然后在人生这个舞台上，发光地展现自己。

好爸爸行动指南针

当孩子遇到难题，或者遇到自己不懂的事情时，或者孩子正在做一件事时，告诉孩子要认真、专注，不要三心二意，坚持把一件事情做完。比如，孩子到了一个新的环境，遇到很多自己没有见过的新鲜事物，这时你就要积极地引导孩子认真地去认识、分析、归纳身边的事物，通过这样的引导给孩子一个端正的学习态度。

2

会学的爸爸让孩子“计划”着学

马上要放暑假了，李晓爸爸走进李晓的房间，撕了女儿的日程表，这一举动让李晓惊讶不已。倒是李晓爸爸不紧不慢做完这事后，慢悠悠坐到李晓对面说道，“宝贝，咱们得要制定一个新的计划表了。美好的假期就要来临了，不能虚度啊！”

李晓心想确实不能再按原来的计划表了，假期表得要好好制定，一定要丰富才行，这样等开学了，同学间才有话题聊呢！

“爸爸，你觉得怎么制定才好呢？”李晓问爸爸。

“你看啊，我呢周末一般都会去图书馆看书，时常也会在网上书店找一些有用的书籍学习。最近爸爸又喜欢上了插画这门艺术，所以每周会抽两个小时的时间去上课。那么，宝贝你呢？之前有过想学某种东西的念头吗？”李晓爸爸引导自己的孩子。

“我们班有几个女孩说假期想去学斗牛舞，我对舞蹈兴趣不大，倒是想报个绘画班。”李晓说出了自己的想法。

“还有呢？”爸爸继续问。

“这个我得好好想想，不如每个周末跟你一起去图书馆看书吧！看来有很多想做的事，可以计划到这个假期去。”李晓说道。

李晓爸爸是个很喜欢学习的男人，他觉得学习无处不在，只要从别人那里听到，而自己却不知道的内容，他都会热衷研究一番。他会在看电视时因播音员说的某个词自己不知道意思而赶紧查字典，也会为小青年说的某个时髦新词赶紧上网查询研究；他在看到家里的花草蛀虫时，会立即买来养花的书籍学习灭虫技巧；家里有什么东西不好用，他会仔细研究，然后改进这些不好的地方。而他做这一切时，她的女儿就乐颠颠地跟在他身后，而他也是不厌其烦地回答女儿的各种疑问，并要求女儿加入到自己的研究和学习中来。所以，今天当她让女儿重新制订计划表时，女儿才会如此乖巧地立即着手计划的制订。

所谓“凡事预则立，不预则废”，计划对一个人来说，其意义是不让生活过得混乱，有条理且丰富多彩。小孩子向来做事没章法，条理性也不强，这就需要父母作为导师，引导其从小养成按计划条理生活的好习惯。如若不加以引导，孩子长大了也是浑浑噩噩地生活，不知道如何充实地过好每一天，计划性条理性的欠缺，会大大降低他们获得成就的可能性。

想起《爱丽丝漫游奇境记》里的一个情节——

爱丽丝问猫：“请你告诉我，我该走哪条路？”“那要看你想去哪里？”猫说。“去哪儿无所谓。”爱丽丝答。“那么走哪条路也就无所谓了。”猫回答道。虽是简单的几句话，却道明了很深的道理：人活着要有明确的目标，目标不明确，不知道怎么过好自己的人生，不知道该如何安排自己的生活，如此浑浑噩噩一辈子，终将一事无成。所以，明确你的计划，清楚自己要去哪里、做什么非常重要，对一个孩子更是如此。

计划是实现学习目标的蓝图，每一个孩子都应该有自己的学习目标，头脑中都应有这张蓝图。而计划学习的实现，需要的则是爸爸的参与和引导。一个会学习，能学习，把自己的生活安排得有条理的爸爸才能培养出一个有条理的孩子。

好爸爸行动指南针

当孩子制订学习计划时，你要引导孩子安排好常规学习时间和自由学习时间。常规学习时间就是按学校规定的学习时间，主要用来完成老师当天布置的学习任务，消化当天所学的知识内容；自由学习时间是指完成了学校的学习任务以后所剩下的归自己支配的时间，在这个时间里，爸爸应该引导孩子学习他们自己感兴趣的事情，比如下棋、弹钢琴、画画等，让孩子开展自己的优势和特长，丰富他们的童年生活。

3

聪明爸爸让孩子弄懂了再学

孩子整天是个小问号，对爸爸来说其实挑战很大，你要坚持不懈地根据他们的节奏去理解问题，解答问题，唯有如此才能让他们有动力坚持提问题，真正地掌握知识。

自从上了小学后，好友大荔发现儿子对阅读趣味开始产生了偏移，由原来喜欢真善美的童话故事转移到对自然科学的热爱，比如，他对汽车的构造很感兴趣，喜欢阅读恐龙的书籍，对太阳、星球和太空感兴趣。这让大荔有些忧伤，原因是，从孩子三岁开始，大荔就坚持给儿子念故事听，一直到他六岁。只是某一日，大荔因为忙，便换自己的先生给儿子念故事，自这以后，孩子就再也不喜欢大荔给他讲故事了，每晚必定要吵着让爸爸给他读故事或讲故事。于是，父子二人把大荔请出孩子的卧室，两人躲在里面，嘻嘻哈哈，神神秘秘，完全不顾及大荔被冷落的心情。

大荔偷偷躲在一旁听，到底先生给儿子讲了什么内容，让他如此上瘾。原来，先生给儿子读的是《昆虫记》，为了让儿子理解书本上介绍的每一种昆虫，在阅读的过程中，先生貌似扮演了各种动物，比如，大刀螳螂、细腰蜜蜂、滚粪球的屎壳郎等等，再仔细听，好像儿子也通过自己的理解扮演着蟋蟀、蚂蚁、蟑螂等虫类。时不时两人哈哈大笑起来，那样欢悦的气氛是大荔以往给孩子讲故事从不曾有的。

当然，孩子有十万个为什么，每遇不知道的，都会想问出个所以然来。大荔倒是没什么耐心，没想到自己的先生却耐心十足，儿子问什么答什么，且特细致用心。

比如，儿子对星球产生了兴趣，但是他对星球的自转和公转不是很明白，无法想象在宇宙中一个星球是如何进行自转的同时还可以公转。大荔解答了几遍儿子还是似懂非懂，于是她便烦躁地说一句，“自己慢慢琢磨去”，便不再理会儿子。而他的先生则用游戏的方式轻松就把问题解决了。当这些神秘的问题一一有了答案后，儿子对大自然的探索和兴趣更加高涨。

大荔突然很惭愧，假如按照自己的方式，早就把孩子研究和探索的欲望抹杀了。亏得有他先生，耐心，博学，且能善于用方法提高儿子的学习兴趣，能耐心解答孩子的疑问，让他弄懂了再学。正因为父亲教育有方，才会让他们的宝贝儿子有如此浓郁的求知欲望和学习欲望。

每一位家长希望自己的孩子热爱科学，学习科学，希望孩子保持一种对世界探究的热情和兴趣。但是你会发现，孩子看过的书不少，可学习过的知识也丢失不少，由此看来“消化”学习过的知识是十分重要的。有格言说：“若要记得，必先懂得。”从大荔儿子身上我们不难看出“消化”知识的最好方法就是理解，而孩子的理解力从何而来，自然需要父母的循循诱导。

理解是最基本、最有效记忆的方法，孩子通过这种方法学习到的知识一辈子都不会忘记。所以，作为家长，父母让孩子理解着学非常有必要。具体如何让其理解，可以归结如下：

1. 了解大意。当学习某个事物的时候，先弄清它的大致内容；

2. 局部分析。对事物有了大概了解后，就要逐步地深入分析了；

3. 找寻关键。找到事物的要点、关键点和难点，并弄明白，牢牢记住。只有在此基础上，才能理解和记住其比较次要或者从属的内容；

4. 融会贯通。就是将所理解和记住的各种局部内容，联系起来反复思考，全面理解，这样有利于消化、吸收；

5. 实践运用。所学的东西，是否真正理解了，还要看在实践中能否运用。

好爸爸行动指南针

在孩子学习的过程中，很多知识需要孩子理解记忆，你可以用图片来帮助孩子理解，可以把一个枯燥的东西变成故事，也可以用游戏、角色扮演、实物展示等方式帮助孩子去认识、理解事物。对于理解的东西，孩子还需要不断地重复才能记住。

4

爸爸“狠心”，孩子学习习惯好

王晓晓的儿子原本数学成绩很好，可最近次次考得都不怎么理想。看到试卷上不应该错的题，王晓晓很是恼火，以为儿子成绩滑落是不懂这些题，于是压着性子仔细地给他讲解。可让她更恼火的是，儿子在她讲题时不是东张西望，就是岔开话题跟她说别的事情，再或者借故上厕所开溜不见。

王晓晓一脸愁苦地找到我，问儿子最近心思全不在学习，这可如何是好。我倒觉得这也不是什么大问题。因为好成绩，既不是天生的遗传，也不是有什么绝妙的好方法能让孩子考出好成绩。这当中很大一部分是孩子自身的努力，而学习的动力来自内心的求知欲和良好习惯的养成。她的孩子之所以把简单的题做错，在她跟他讲解错题时注意力不集中，主要的原因不在孩子的笨，也不是心思没用好，而是没养成学习的好习惯。

“粗心和注意力不集中是你孩子的主要问题，我觉得这个你可以交给你的先生。”我建议道。

“算了吧，我先生做事向来粗心大意，而且做的事情也没什么条理。时常明明在做这个事情，突然想起另一件事，就把这事搁置了。做事情时也不仔细，虽然大问题没有，小问题却不断。你想呀，这样的爸爸怎么能把孩子教育好！”很明显王晓晓一说起丈夫很来气。

“这正是两人一起学习的好机会，为了孩子考虑，你不妨跟你先生聊一聊，也许他在教孩子改变的同时，自己也会有所进步的。”我告知她。

显而易见，王晓晓儿子的粗心和注意力不集中无形中是受了自己爸爸的影响。如果他的爸爸不能够改变自己的习惯，孩子将来势必跟他的爸爸一个模样。

对于孩子来说，学习上的细心可以让他避免很多错误的发生，不会白白丢了分数。而孩子细心的养成，除了自身的性格，也跟父母的言传身教有着很大的关系，父母尤其是爸爸做事粗心大意，一会儿抓这个，一会儿抓那个没头绪，孩子自不会好到哪里去。一个专注力不搞，粗心大意的孩子，人生必定会犯很多的错，有些大错甚至可能无法弥补。考虑到这些，作为具有权威性的爸爸就要及时地注重起孩子好习惯的养成。

习惯是一个人存放在人生道路上的资本，一个人养成好的习惯，一辈子都受用不尽。

记得有记者曾问过一个获得诺贝尔奖的科学家："请问您认为哪所大学学到的知识最为重要?"科学家回答："幼儿园。"记者接着问："在幼儿园能够学到什么?"科学家出人意料地回答："学到把自己的东西分一半给伙伴，不属于自己的东西不要拿，东西要放整齐，做错事要道歉，仔细地观察事物……"而这样的回答，直接说明了儿时养成的良好习惯对人一生具有决定性的意义，当然，学习习惯的养成也是如此，所以，作为望子成龙的爸爸在培养孩子好的学习习惯方面一定要狠下功夫才行。

具体来说，你可以作为监督者，陪着孩子完成作业，随时提点孩子哪里因粗心产生了错误，做完作业或完成某事后要记得检查一遍，看哪里做得不对，或不够好。做事要善始善终，把重要的放前先做，做完再做其他事情，等等。爸爸还可以根据孩子存在的问题制定教育计划，有计划地培养孩子的学习习惯。

好爸爸行动指南针

想让孩子养成良好的学习习惯并不是一件容易的事，需要爸爸们做到“绝情”和“狠心”。“绝情”是对自己“绝情”，要求自己做到不看电视，不打麻将，尽量地减少应酬，多一点时间陪孩子，和孩子一起捧起书本学习，改变以前那种懒懒散散、安逸度日的生活习惯，为孩子树立起好好学习的榜样；而“狠心”，就是对孩子的原则性问题“狠心”，不骄纵孩子，教育孩子懂得学习是一个人的天职，并严格执行计划，绝对没有讨价还价的余地，“逼”着TA养成良好的学习习惯。

5

会质疑的爸爸，孩子不迷信书本

有一天大雷的儿子拿着书走过来说，“爸爸，我觉得这个怀特先生不是一个好老师，作者的观点是错的。”

原来他的儿子在看六年级的语文课本。课本是表姐的，昨天来大雷家玩忘记拿了回去。而他质疑的这个怀特先生就是课本中的一篇故事，内容大致是这样的：

怀特先生在课上对孩子说了一种叫做“猫猬兽”的动物，说那是一种夜行兽，现在已经灭绝了，并把一具头骨让同学们传看。同学们都信以为真，很认真地做了笔记。后来他还举行了测试。结果当他把试卷还给同学时，大家都得了零分。怀特先生对同学们说“猫猬兽”是他编出来的，世界上根本没有这种东西，通过这件事，他教育同学们每个人都要有独立思考、独立判断、勇敢怀疑的能力。于是同学们终于明白了“不要迷信书本，不要迷信权威”的道理，而作者则认为怀特森是最好的老师。

眼见儿子质疑本故事的作者，大雷便不假思索地说道，“课本上的东西应该不会有什么错吧!”没想到他的儿子竟大声说道，“爸爸你怎么就没点质疑精神，我们班赵军的爸爸就不是这样的，他爸爸说任何一本书都有可能出现错误，我们可以对自己认为不对的任何东西提出质疑。”

儿子的一席话让大雷惊讶莫名，从小到大，他一直在照着课本学习，从没有人说课本内容有问题，既然有问题，干吗还要学。因为迷信书本很多年，现在突然儿子提出这样的质疑，他自然难以接受。

当然他也明白质疑精神对一个孩子的重要性，所以最后他问道，“那你讲讲自己的看法!”

"你想想看，同学们都相信老师，后来这个老师又让同学们不要相信他说的，这不是矛盾吗？还有他把本次测验的零分记录写进了每个人的成绩报告单，我觉得有些不公平。"儿子发表自己的看法。

听完儿子的表述，大雷很高兴，毕竟儿子没有学自己，像个接收器一样接受别人觉得正确的东西，而是发表自己的看法，思想很独立。

现实中，很多孩子在学习的时候通常把自己当做一个接收器，缺少一种质疑的精神。有一个法国教育心理学家，给法国小学生和中国小学生先后出了下面这道题：

一艘船上有96头牛，37只羊，问：这艘船的船长年纪有多大？

法国小学生超过90%提出了异议，认为这道测试题根本没办法回答，甚至嘲笑老师的糊涂。显而易见，这些学生的回答是对的。而中国小学生的情况恰恰相反，有80%的同学认真地做出了答案，96－37＝49（岁）。只有10%的同学认为此题非常荒谬，无法解答。做出正确回答的同学竟然只有10%。

这位教育心理学专家很惊讶：两国的小学生为什么会出现这么大的差别呢？他通过对中国这80%小学生的调查后发现，他们之所以做出错误的答案，是因为他们坚信不疑地认为："老师平时教育我们，只有对问题做出回答，才可能得分；不做的话，就连一分也得不到"、"老师出的题总是对的，总是有标准答案的，不可能没办法做，也不可能没有答案"、"既然是老师出的题目一定不会有问题的"……孩子原本是满带着疑问降世的，从蹒跚学步到牙牙学语，他们对周围的世界充满了好奇，充满了疑问，只是随后被过多的告知、规范和干预，销蚀了他们好奇和打破砂锅问到底的勇气。

法国教育心理学专家在总结这两次实验的时候，引用了爱因斯坦说的一句话："科学发现的过程是一个由好奇、疑虑开始的飞跃。"说完之后，这位心理学家颇有感触地讲道："应当教育孩子敬重老师，但更要教育孩子敬重真理。怀疑并不是缺点，总是没完没了地怀疑才是缺点。敢于怀疑，才能减少盲从。有怀疑的地方才有真理，真理是怀疑的影子。"

看了上述事例，不用多说相信爸爸们也能明白，让孩子在学习中学会质疑是多么重要。爸爸不但要鼓励孩子们在学习中保持质疑的精神，更要对孩子们的质疑方法加以指导。唯有如此，孩子才能积极思维，主动参与学习。

好爸爸行动指南针

要鼓励孩子敢于质疑。由于孩子知识面窄，生活经验贫乏，阅读理解能力还不强，提出的问题不可避免地带有肤浅性和片面性，你对孩子提出的问题要做到重视、鼓励和肯定，保护TA乐于发问的兴趣和热情，并和TA一起努力寻找正确的答案。

6

让孩子做个吃好睡好玩好的“三好学生”

看《爸爸去哪儿》的时候，儿子总会说：“真羡慕天天他们，因为妈妈，我都没有和爸爸单独相处的机会。”搞得我好像一个“大灯泡”。不过这次算是遂了儿子的愿，我被安排出差一周。

这次我奉命要到外省出差一周，儿子在家没人陪，先生就调假回家陪儿子。恰逢中考将至，不过先生向来督促儿子很有一手，所以我便很放心地出发外地了。

只是先生的一个电话让人有点纠结，因为别的同学都在为了考试如火如荼地学习，儿子每晚居然还和先生到天台上观察星星。想着如此放心出差，结局大概是儿子将考得十分糟糕。可出乎意料，儿子的成绩竟然很不错，平均还有 96 分，比我的预期强出很多。他对儿子说，要让他当个“另类三好生”，对其不怎么严厉，有点“粗放式放养”的意思。所以，相比较我的严格要求，儿子更愿意接受他爸爸那样的教育方式。

记得有一次，为了让儿子所谓的德智体美劳全面发展，我想送儿子去艺术培训班，结果儿子当场拒绝我，并振振有词道：“爸爸说了，我有权拒绝我不喜欢的事情，我现在主要的任务就是快乐。”听到这样的话，我马上找先生理论，他却说：“想让儿子做德智体都好的三好学生，你得先让儿子吃好睡好玩好，这三好是基础，只有这三好做好的学生，那三好才能真正好，否则，都是扯淡。”

我仔细寻思了先生的这一番话，觉得说得有道理，不再反驳他。再说，我一直认为孩子的学习是一个很宽泛的概念，不仅仅局限于书本知识的学习，吃喝玩乐都可以是学习。

当然如先生一般对孩子放养的爸爸在中国向来都是少数，大多数爸爸对这样的教养存在很大的担忧：一个人所拥有的时间是固定的，如果我让孩子在吃、睡、玩上面用的时间多了，TA 哪还有时间去学习啊？那不是瞎扯吗？你确定一个孩子在吃、睡、玩上做得好，TA 在学习上就好吗？

实质上，这样的担忧往往是多余，当一个人吃饱了、睡足了、玩好了，TA 去干什么呢？TA 会想学点什么。孩子之所以不想学习，很可能是 TA 没玩足。TA 有很多天性方面的心性需求没有满足，你却让 TA 避开 TA 天性需要的东西，去往里装你给予 TA 的东西，这怎么能行呢，内在更大的动力在排斥它呢。

学习应该是一种娱乐或娱乐模式，在孩子眼中，不要让学习成为恐惧的代名词，它是在人类吃饱、穿好、睡足的情况下，快乐地进行的“游戏”。如果把学习变成一种艰苦的心灵的劳役，那就没有多少意思了。就像先生说的：“吃好、睡好、玩好——做个别别样‘三好学生’，非常重要！”

好爸爸行动指南针

对孩子来说，99% 的知识不是课堂中学到的，而是在生活中学到的。要养成孩子爱学习的习惯，就要把所有能引发孩子专注的行为、阅读、玩耍等等都看成是孩子在学习。只要孩子在从事这样的活动，就给予 TA 一些特权，比如让你关掉电视，或者小声说话，或者专门停下手中的事情认真看孩子做事情等等，让孩子感觉学习是重要的。

第十章 勇敢说“不是”

——爸爸影响孩子的创造力

1

保护孩子的好奇心，与孩子一起探索

记得《爸爸去哪儿》有一期，分完房子后，石头拿着一个勺子觉得很好玩，在墙上敲来敲去。这被郭爸爸看见了，立刻遭到呵斥，意思是告诉孩子他的这种行为会破坏别人的房子。

对这件事同做育儿教育的朋友发表了一番他的看法，他说："如果我是郭涛我就不会制止孩子的这种行为。孩子的每个行为背后都有'潜台词'，石头拿着勺子，在他眼中这个勺子就是一个工具，并充满了好奇，他想用这个工具做些事情，而他刚好站在墙根，所以就拿勺子去敲墙。他的行为不是故意破坏，而是出于一种好奇，想要一探究竟。这时郭涛不应该阻止，而是要懂得'转移'，比如可以告诉石头勺子的用法，然后和石头去挖沙子，敲砖头等等。"

我觉得朋友分析得很有道理。孩子好奇心强，求知欲强烈，这是一种难能可贵的求知精神，爸爸应该充分满足孩子的好奇心，积极和孩子去探索真相，逐步培养孩子爱动脑筋、积极向上、大胆思考问题的好习惯。可惜很多爸爸没意识到这一点，往往他们和郭涛一样把孩子的好奇行为当做了一种淘气的破坏行为。

我认识一位年轻的爸爸，他总是抱怨孩子每次都把玩具弄得到处都是。每次下班回家，看到孩子在屋里摆弄玩具，当玻璃球落到地板上发出乒乒乓乓的撞击声时，他感到更烦躁，甚至有时会把孩子训斥得哇哇直哭。

我问这个爸爸："每当孩子玩玩具的时候，你会专门拿出时间来陪他吗？"

他回答："孩子都这么大了，还得陪着哄着吗？让他自个待着不就行了?”

我说:“其实孩子这种看似很‘折腾’的表现正是他们在好奇心驱使下探索周围世界的方式。人一生都不能失掉好奇心，它是一种天性，可惜我们大人不知不觉中已经丢失了，只有孩子还完好无损地保留着。对孩子来说，好奇心是其许多活动内在动力的重要表现。”

有研究表明，婴幼儿面对全新的世界，好奇心表现尤其强烈，0 ~ 4 岁的孩子主要通过各种感觉器官如眼睛、耳朵、鼻子、舌头、身体等去感知探索世界，这种探索通常是伴随着运动的形式进行，表现为运动思维形式；4 ~ 7 岁，孩子开始逐渐发展内在的概念化，开始表现为内在思维形式。伴随着这个认知过程，孩子也同时进行对自我的认同。此时爸爸最好提供一个安全温暖的环境，与孩子一起探索各种具体形象的感性刺激，陪伴孩子对世界进行不断地信息互动和了解。

我的儿子很好好动，但是先生从来不制止他。他认为贪玩好动是孩子的天性，也是他们好奇心的一种表现，他需要一个空间去追跑，去喊叫，去探索。

有一次，儿子手里拿着一杯果汁不小心洒在了客厅的地毯上，小家伙看着果汁在地毯上慢慢扩散，居然蹲下观察了起来，还洒了几滴在地面上做对比。我刚要上前对儿子说果汁不能洒在地上，先生比我提前了一步来到儿子面前，他居然很热心地拿来了纸、布让儿子分别在上面洒果汁，并就情况和地毯、地面的作对比，然后开始讲起物理学的阻力问题。儿子听得津津有味，末了居然还很有创意地说要用地毯给我做一双防滑鞋。因为厨房的地板一沾水就变得很滑，我经常抱怨，没想到小家伙听见并记住了，还想着帮我解决问题，真是贴心啊!

这件事，也让我对孩子的好奇行为开始认真思考起来。由于孩子认知有限，又具有好奇的天性，因此经常会有一些奇怪的问题和一些看似捣蛋的行为，此时，对孩子的好奇心是理解支持，是厌烦阻止，还是保护激发，不同态度可能对孩子的一生都产生不同的影响。而爸爸在保护、激发孩子好奇心方面起着更为举足轻重的作用。随着孩子一点点长大，他的独立性和生活处理能力逐步加强，已经不再满足于妈妈的教育方式和生活圈子，这时爸爸就成了他们依赖、信任的对象，孩子会从爸爸那里学到许多知识及对待一件事情的态度。如果此时你打压了孩子的好奇心，就是扼杀了孩子探索事物的欲望。

当然，如果孩子的好奇心仅仅停留在好奇的层面上，那么孩子的好奇也仅仅是好奇而已。好奇是创造力的源泉，但是仅仅好奇是远远不够的。这就是为什么这个世界上好奇的人很多，而具有创造力的人却并不多的原因。

因此，爸爸更要精心保护孩子的好奇心，并在保护的基础上，对孩子的好奇心进行科学引导，切忌以成人的思维方式来束缚孩子的行为，也不能因为事务繁忙而搪塞、敷衍孩子。最好的方式是，爸爸可以利用孩子的好奇心，采取一些方法来帮助孩子找到他们需要的答案，促使孩子继续思考，让孩子的好奇心发挥出更多的创造潜能。

好爸爸行动指南针

对孩子来说，在他们的生活环境中，到处蕴涵着丰富的可供探索的资源，比如家里的客厅、厨房、阳台；户外的公园、马路——随便哪个小犄角旮旯，都能成为引发孩子好奇心，诱导孩子探索学习的场所。爸爸要做的首先是消除环境中的不安全因素，并根据孩子的兴趣适时适度地提供材料和实践机会，鼓励他们动手体验。你还要采取一些方法来帮助孩子寻找他们需要的答案，并进一步引导孩子深入探究事物的奥秘。

2

孩子的想象力需要爸爸来激发

奇奇是儿子在学校里最好的朋友，几次家长会后我已经认识了他的妈妈，彼此都挺聊得来，几次碰面后便成了朋友。

一次，邀请奇奇一家来我家做客。饭后，大人在一起聊天，两个孩子吵吵闹闹不得消停。正好家里有一堆鹅卵石，我便拿出来让他们拿水彩笔在上面画画，自己好好创作。

如此建议立即让两个小家伙安静下来，开始了奇妙的创作之旅。

不多时，几个大人凑过去，看看孩子们的创造。只见奇奇在一块鹅卵石上画了只奇怪的动物，奇奇妈妈一看乐了，问道："奇奇，你画的这是什么东西啊？是小猫？可怎么给小猫安了狐狸的尾巴呢？谁见过这样的小猫？天底下有这样的小猫吗？"

奇奇舔舔嘴唇说："小猫冷的时候，大尾巴可以当被子盖呀！"

奇奇妈妈接着说道："有了狐狸的大尾巴，就不是小猫了。"

奇奇歪着头想了想反问："你刚才不是叫它小猫吗？"面对这样的反问，奇奇妈妈无话可说。

我很好奇，从母子二人对话不难看出，奇奇妈妈并不认可儿子的创意，奇奇这奇思妙想从何而来呢？疑问间突听奇奇说道，"爸爸说了，谁规定猫就一定是猫了。既然如此，我这个就可以是猫，也可以是狐狸。"原来，奇奇是有个不遵从传统的爸爸呀。

画完了鹅卵石，我见儿子和奇奇还一副意犹未尽的样子，就给他们拿了速写本，指着阳台上的几盆植物让他们细致观察，我不希望他们一画花草就画出那种程式化的花草出来。

只是让我们非常意外的是，奇奇拿给我们看的竟是一片模糊的色彩。

看到他涂得乱七八糟的画，奇奇妈有点生气，质问儿子："为什么乱涂乱画？"

"我没有乱涂乱画呀。"奇奇委屈地说，"这是叶子里的世界。"

看到奇奇委屈的样子，我赶忙制止奇奇妈妈，因为她这样的做法，无疑是用成人的眼光否定孩子的创作，这样做等于扼杀了孩子的想象力。

孩子的世界奇妙无比，也许在他们眼里美好的东西，在大人那里却是一团糟，于是，很多父母就要跳出来否定孩子的这一创意，以为它偏离了正统。殊不知，你在坚持正统时，无疑就是在抹杀孩子的天真和想象力，正在将他往刻板无趣推进。

大人感受的世界，是现实的存在，看到了，像物体本身的，才是最好的。但是，孩子却不同，在他们的世界里主观想象就是真实的存在，也就是心里怎么想就怎么画，再加上控制画笔的能力还不够娴熟，所以，孩子的画当然与大人的评判标准有差距。绘画的真正意义在于满足孩子天马行空的想象，激发孩子的创新潜能。另外，在孩子眼中，周围世界中所有的事物都像人一样有生命和感情，这是孩子特有的"泛灵心理"的表现，是孩子在图画中寄托 TA 情感和愿望的表现，也是孩子想象力的来源之一。

说到这里，我想起了一个朋友和我说过的另一件事情。他的女儿在一次作文中写道"星星一不小心掉落水里""月亮静静地蹲在树梢上"这样的句子，结果这两个充满天真无邪富有想象力的句子，被有着二十多年教龄的语文老师判为是语法错误的病句而扣分，并改为"星星的影子照在水面上""月亮挂在树梢上"。这经老师修改之后的句子是符合所谓的"语法"了，但孩子那弥足珍贵的想象的翅膀却被折断了。

所以，作为家长要多一点像奇奇爸爸一样敢于挑战传统的行为，少一点像奇奇妈妈急于否定孩子创作的举动，认可孩子的那些看似荒诞的行为，让孩子拥有自己的空间和思维，成长为一个富有想象力和创造力的人！

好爸爸行动指南针

丰富的想象力不是一朝一夕就能培养出来的，对于孩子而言，TA在活动中的任何点滴想法都会鼓励TA更执著地去动脑筋，去大胆地想象。因此，爸爸要因势利导，有意识地去引导孩子对周围更多事物产生兴趣，从而充分发挥孩子想象的潜能，利用多种手段来释放他们想象的激情。比如，对于喜欢画画的孩子，让孩子知道不是只有蜡笔、水彩笔才能作画的，只要是能蘸上颜色的东西，都可以称之为“画笔”，如小树枝、线头、废纸、纽扣等等。

3

有想法的爸爸带给孩子一场“头脑风暴”

《爸爸去哪儿》第一季里的五个孩子，我对石头的感觉很一般，在我看来他没有 Kimi 会卖萌，没有天天那么贴心，没有 Cindy 那么有戏剧性，但是在一个娱乐节目的小游戏上，他的表现让我改变了对他的看法。

游戏是这样的，孩子要在爸爸和主持人用手搭成的人肉台子上互相抢帽子。天天凭着一股狠劲抢下了 Kimi 的帽子，正当他想要用相同的办法对待石头的时候，石头没有和他硬碰硬，而是“反其道而行之”，一个晃身先躲开他，而后看准时间抢走了他的帽子。现场各位让石头的沉着给惊呆了，纷纷竖起大拇指称赞。

郭涛曾经说过：“我教他做什么事都要动动脑子。”从抢帽子这个游戏看来石头真的心领神会。虽然石头是大哥哥，但是天天可不是“小弟弟”，石头知道如果自己和天天硬碰硬，虽然帽子很有可能不会被天天抢走，可自己也很难抢到天天的帽子。如何不让天天抢走自己的帽子又能抢到天天的帽子呢，这是石头思考的关键点。于是，聪明的他逆向思考，他知道天天会采用硬碰硬的策略，那么自己就“以柔克刚”，先避其锋芒，然后再找机会下手——他成功了。

当我夸石头聪明的时候，儿子居然吃醋了，天真地问道：“妈妈，你喜欢石头是不是就不喜欢我了？”

我忍不住笑起来：“你是我儿子，我怎么会不喜欢你？”

“我不聪明。”

“我没有说你不聪明啊。”

“爸爸说我不聪明。”儿子委屈地说。

原来上次先生回来，给儿子出了一道趣味数学题：有四个相同的瓶子，怎样摆放才能使其中任意两个瓶子的瓶口距离都相等呢？儿子拿来四个瓶子一会儿摆成直线，一会儿摆成四边形，一会儿摆成三角形琢磨了很久都找不到答案。先生就开玩笑地说他不聪明。

我觉得这个不能怪儿子，这个题目难度已经超出了他的能力范围，就是我也不能马上想到答案。正确的答案是：把三个瓶子放在正三角形的顶点，把第四个瓶子倒过来放在三角形的中心位置。按着常人的正常思维，一般做法都会和儿子一样，马上想到正方形，也能够想到正三角形，但是往往想不到把瓶子倒过来放。

确实，人们总是习惯于沿着事物发展的正方向去思考问题并寻求解决办法。循规蹈矩的思维及按传统方式解决问题虽然简单，但容易使自己的思路僵化、刻板，摆脱不掉习惯的束缚，得到的往往是一些司空见惯的答案和做法，不新鲜也不出彩。其实，对于某些问题，尤其是一些特殊问题，从结论往回推，倒过来思考，从求解回到已知条件，反过去想或许会使问题简单化。任何事物都具有多方面属性。由于受过去经验的影响，人们容易看到熟悉的一面，而对另一面视而不见。逆向思维能克服这一障碍，往往是出人意料，给人以耳目一新的感觉。

我的先生是一个不按常理出牌的人，他的很多想法和做法在他人眼中是“匪夷所思”的。记得一次他和儿子说“狐假虎威”这个成语，大家都知道这是一个贬义词，但是先生却说：“其实狐狸也挺无奈的，要不是老虎要吃它，它何苦如此。狐狸很聪明，希望你能够向它学习，懂得动脑筋摆脱困境。”活生生把一个成语故事变成了“哲理故事”。受先生的影响，儿子也成了一个不按常理出牌的人。

有次，儿子和先生一起看一个相关西部的纪录片，儿子突发奇想地说：“爸爸，沙漠风大，很难种草，为什么我们不设计一个‘草球’，‘草球’外面主要是泥土，有小草生长必需的养料，里面放上草籽，然后投入沙漠，让小草在‘草球’里自然生长，然后风把它吹到哪，它就在哪里安家。”

先生听完儿子的提议，立马竖起大拇指，我也觉得儿子的提议不错。沙漠绿化，正常的思维是要抗风，但是儿子却是逆向思维，利用风来绿化。我想儿子的方法未必出彩，但小小年纪学着出不同寻常的牌已经很不错了。

当然，人都有惯性思维，爱用常用的方式思考，善用常用的行为方式处事，久而久之，就养成了根深蒂固的惯性思维。这里，我希望爸爸们，为了孩子，不要再把“原来一直是这样干的”“人家就是这样做的”“规定上清清楚楚地这样写的”等等作为堵塞孩子新思路的理由。打破自己的惯性思维，让自己在想做的时候先不做，想说的时候先不说，不盲目不冲动，静观其变；或者时刻注意身边的变化，提醒着自己是否进入了一个新的环境，不要让自己的思维停留在以前的环境中，按照老套路来处理问题，从而带头给孩子一个全新的思维体验，打破孩子的惯性思维，挖掘出创新潜能。

好爸爸行动指南针

想要引爆孩子的头脑风暴，就要让孩子戒掉从众心理，不盲目地顺应群体，鼓励孩子想自己之所想，做自己之所做。你还可以让孩子增强新刺激，更换旧思路。有些无法用习惯性的思路去思考，就必须有强烈的新刺激才能有效地迫使自己从旧思路旧方法中省悟过来，转移到新方法的思维中。

4

好爸爸会抓住孩子的“联想潜能”

我们都知道创新不容易，它意味着改变，所谓推陈出新、气象万新、焕然一新，无不是诉说着一个“变”字；它也意味着付出，因为惯性作用，没有外力是不可能有改变的，这个外力就是创新者的付出。创新确实不容易，但是它是有章可循的，如果你能抓住孩子的“联想潜能”，就可以很好地让孩子做到创新。

先生要过生日了，儿子很兴奋，早早就做好了贺卡，订好了蛋糕。生日那天，我发挥自己全部的厨艺弄了满满一桌子菜。

吃完饭，许完愿，吹了蜡烛，每人捧着一块蛋糕，先生意犹未尽地问儿子：“那我这生日算是过完了？”

儿子点点头表示“是”。

先生撇撇嘴故意说：“真是一点创意都没有。”

“可是别人生日也是这么过的呀。”儿子不解地说。

“难道别人怎么过，我就要怎么过吗？我们干吗要模仿别人！”

“我实在想不到过生日还有新奇的点子。”儿子诚实地回答。

“哈哈哈！”这时先生竟然大笑了起来。其实他并不是很在意生日怎么过的，只是想借着自己生日给儿子好好上一堂“思维课。”他说：“那我来问你，一说到生日，你会联想到什么？”

“蛋糕、礼物、生日歌、派对。”儿子说。

“还有吗？”先生问。

“可以自己动手设计一张祝福卡片，或者到一个喜欢的地方过一个特别的生日。”

“还可以想一想以前的人是怎么过生日的，现在的人是怎么过生日，从而想到时代的变迁给人们的生活方式带来了哪些影响。"先生补充道。

"那爸爸，你小时候是怎么过生日了？"儿子好奇地问。

先生回答："我小时候可没有蛋糕，也没有许愿，就是生日那一天妈妈给煮两个鸡蛋。那时家里穷，生日也就过得简单。"

"就两个鸡蛋？"儿子很吃惊。

"是的，所以你们现在很幸福，要好好珍惜这种幸福知道吗？"

"嗯。没想到一个生日可以有这么多的感慨。"儿子说。

先生笑了："只要你善于运用联想思维，任何事物都可以让你感慨很多的。比如不起眼的小草，我们可以想到它与大树，虽然小草没有大树高大，但是它不会自卑，依然默默生长，由此让我们联想到不妄自菲薄；小草虽经严冬而枯萎，但春风吹又生，由此联想到生命的生生不息、或虽历经险恶而壮心犹在的问题；小草——草药——治病救人，由此联想到物虽小而价值不小，或要善于发现、善于利用的问题；小草——足球场——世界杯，由此联想到默默无闻，甘于奉献的问题——总之可以联想的很多。"

"太有意思了！"

先生接着说："你要善于开发和利用这种联想思维，这样才能打破自己的思维局限，让自己的生活变得丰富起来。"

"嗯。"儿子郑重地点了点头。

其实，从思维学角度说，思维就是整理已知信息，并考虑各种可能性，以利于得出问题以及今后遇到类似的问题的解决办法的过程。因此，联想是获取新知、认识新事物、不断创新的一种重要方法，也是发展思维能力的重要途径，它可以让你碰到新问题时，具有正确、创新的思维道路和解决办法。

因此，我希望爸爸们能够像我家先生一样重视这个问题，让孩子能够迅速地捕捉事物的本质，发现事物之间的关联性，积极地掌握知识采用创新性的思维方式，对所接受的某项知识出处或源泉进行认真的探索和追溯，并经过分析、比较和求证，从而掌握知识的整个体系和本质，做到"举一反三"，从而使孩子身上的创新潜能能够为 TA 的生活提供真正的养料，让孩子过得更加轻松自如，精彩纷呈。

好爸爸行动指南针

联想能够让孩子思路拓宽，意境开阔，同时能让所要表达的内容更加的丰富生动，意趣盎然，它在孩子的创造活动中具有重要的作用。你可以引导孩子“接近联想”，运用时间上或空间上的接近引起不同事物之间的联想，比如遇到过去的老师，就可以联想到他以前上课的情景；或者运用“相似联想”，由外形、性质、意义上的相似引起联想，比如由一个人的照片联想到照片本人；或者“对比联想”，由事物间完全对立或存在某种差异而引起联想，比如看到一个玩具的新包装联想到它以前的包装，然后对比两种包装的优劣。

5

好爸爸开启孩子想问题的“角度空间”

先生最喜欢和儿子玩“甲方乙方”的游戏：给出一个事物，儿子当甲方说他自己的看法，先生当乙方则从另一个角度提出完全相反或者不同的看法。有的时候他们俩角色互换。比如，说“气球”，甲方说“气球你总是不断地追求新的高度”；乙方则说：“被吹得越大，越接近毁灭的边缘”。

这一天我看到先生和儿子玩得不亦乐乎，我也兴致很高地想加入到他们的游戏，可是他们当甲乙方已经上瘾，只让我当个出题的人。

我说道：“铁钉。”

儿子先当甲方，他说：“别人打击它，它却勇往直前。”

先生是乙方，他想了想说：“从来不知道主动进取，只能被动挨打。”

我说：“竹子。”

儿子说：“不论四季如何改变，它始终一身翠绿地坚持自己。”

听到这个回答，我和先生都吃了一惊，儿子对待竹子的角度很独特。按着常人的看法，一说到竹子想到的绝对是不畏严寒、努力向上之类的“老生常谈”，可儿子却说他是坚持自己。

先生为了反驳儿子的观点想了想说：“死脑筋地只穿绿衣服，活该享受不到四季美妙的颜色。”

我看到阳台上的仙人掌说：“仙人掌。”

这次先生是甲方，他说：“用尖利的刺来捍卫自己的尊严。”

儿子的回答让人忍俊不禁，他说：“什么玩意，沾了点‘仙气’就碰不得了？”

他俩对答如流，我见难不倒他们，灵机一动想到了自己看到的一个趣味题，便说道：“你们都知道4是8的一半，那你们能不能说出8的另外两半是哪两个数字？”

先生笑笑说：“这个答案我知道哦，儿子还是留给你来回答吧。”

儿子仔细想了起来，突然他回答：“把8从中间切开，切成上下两部分，它就是两个‘0’组成的。”

儿子反应很快，没想到小家伙没有被我前面所说的“4是8的一半”误导。这个题目我曾问过很多人，很多人只会在加减上考虑，根本不会像儿子这样只是从“8”这个数字本身出发。接着运用同样的思维方式，儿子很快又回答说把“8”竖着从中间切来的话，它是由两个“3”组成的。

听到儿子的答案，先生高兴地笑了，当然还不忘借此教育教育儿子，他说：“你很聪明，聪明人就是懂得换一个角度看问题。今天不论是‘甲方乙方’这个游戏，还是妈妈出的这个趣味题，我希望你能够明白一个道理——要让自己懂得换一个角度看问题，这样才能发现一些与众不同的东西，才能给自己的创造力带来新的源泉和动力。”

先生的话让我很惊讶，突然间明白他为什么总是和儿子玩这个游戏：当我们遇到一个问题或困难时，如果解决这一问题的方法、手段行不通，这时就需要转换另一个方法或手段，或者转换角度，从另一个角度看待、思考这个问题，从而使问题顺利地解决。

所以，当一个想法或者做法行不通时，没必要再苦苦尝试，试着让自己换一个角度去看待去思考，尝试一下新的方法和手段，也许可以轻而易举地解决问题。你是这样告诉自己的小孩的吗？

好爸爸行动指南针

面对一个事物的时候，鼓励孩子换个角度思考，看看除了普通正常人的看法和做法，还有没有其他的看法和做法；让孩子学会借鉴和引用，当TA发现某一个方法很棒的时候，让TA充分发挥自己的想象，看看这样的方法还可以用在其他什么事物上；让孩子学会转移认知对象，有些问题百思不得其解，越想越烦恼，想得头脑也僵化了，这时如果让TA转换一种活动内容，也就换了一种心情，说不定还能从其他事物中受到启发，让孩子想出解决问题的金点子。

第十一章

君子爱财，取之有道

——好爸爸也要做“富”爸爸

1

你的财富观念影响孩子一生

一日下班回家，看见一个约莫四岁多的小女孩坐在楼道里，询问才知道，她爸爸还未下班，她身上没有钥匙，要再等半个多小时才能见到爸爸。正是初冬时节，地上冰冷，我询问她是否愿意去我家坐一坐，我们可以留一张纸条在她家门口，告知她的爸爸下班后可到五楼来接她。小女孩答应了。

一进家门，我为她冲了一杯热豆奶，并拿出一些水果零食给她吃。慢慢地小女孩的话匣子打开了，只是让我惊讶的是，她的话语竟然超出了其年龄的成熟。她说，阿姨你们家真漂亮，我们家有你们家一半漂亮就好了。我们家没有钱，妈妈又离开了爸爸，爸爸只能拼命赚钱来养活我们，我经常听到爸爸唉声叹气，他说自己不幸福的原因是我们太穷了，如果我们有钱，他就可以去他想去的地方，买他想买的东西，也可以满足我一切需求。我现在在小区的幼儿园上学，爸爸说，只要他攒够了一笔赞助费就可以送我去国际学校上学了，说去那里对我未来的发展有好处。

小女孩的话让我听得目瞪口呆，她才四岁，却在脑海里根深蒂固了这样的想法：钱是万能的，只要有钱爸爸就会快乐，妈妈也就不会离开她，而她就能买任何她想买的东西，去想去的任何地方。

我想对于一个才四岁的孩子来说，父母不应该装这么沉重的东西在她的脑海里。于是，我抚了抚她的头发，问她，“你爱你的爸爸吗?”她点点头。

“如果爸爸也离开了你，你会不会很难过?”我继续问。

“会的!”小女孩的眼里有了泪水。

“如果爸爸不在了，我们能拿钱买到一个爸爸吗?”我继续问她。

这一次，小女孩迷惑地看着我。

“宝贝，这个世界上有很多东西是钱买不到的，很多人很有钱，家里钱多得数也数不清，可他们还是有很多烦恼，因为钱买不来亲情，买不来朋友，买不回一个爸爸妈妈，也买不回一个可爱的孩子，还有你们班里一定有学习特别好，非常聪明的孩子吧，他们的这份智慧和聪明别人想买能买到吗？不能。还有快乐，如果你拿出很多钱，跟阿姨说，阿姨我想买一些快乐给我爸爸，阿姨是没法卖给你的。因为有很多东西都不是用钱能衡量的。你明白吗?”我尽量用她能听懂的话告知她一些道理。我不知道小女孩能听得懂多少，但我的想法是，一个小孩子应该有着正确的财富观，而不是觉得钱是万能的。

每个小孩都是心地纯洁的天使，他们在这个世界上最信任的是自己的父母，以为父母告知他们的一切都是正确的。可往往的结果是，父母总是不负责任地将一些不适合孩子接纳的言论传递给孩子，并一再地加强，直至孩子整个的思想被这样的言论侵染为止。这其中就包括财富观。

很多的父母混淆了财富与金钱的关系，以为金钱就是财富，而财富就是所谓的金钱。殊不知，金钱只是财富的一个小类，而财富则包含了很多很多的东西。我听闻很多的父母在孩子两三岁开始，就给他们钱让他们自行去购买东西，并告知他们钱能买到他们想买的东西。然后又不停地向孩子灌输这样的思想，父母上班是为了挣钱，辛苦挣钱是为了提高家里生活质量，生活品质好了，一家人才会过得幸福快乐。而且父母也在不断地尝试让孩子养成一种理财习惯，刻意地买了存钱罐让孩子一天一毛两分地存钱，然后再在某个合适的时机，将这钱一笔拿出，让孩子去买或做自己想做的事情。

其实，比起教会自己的孩子钱的作用，钱的意义，以及理财的必要性，父母将一种合适的财富观念传递给孩子更有必要。

人这一生拥有的财富很多，有一个健康的身体是财富，有一个幸福的家庭是财富，儿女双全、老人无病无灾、夫妻关系和睦是财富，有一帮要好的朋友是财富，有一种健康积极的兴趣爱好是财富，有爱自己的人、有自己爱的人是财富，能有一种学习的心态是财富，头脑机智、智慧丰盈是财富，有一份喜欢的事业、与一群志同道合的人共事是财富，能时时快乐、满足当下生活是财富……如果父母懂得把这些财富告知孩子，并善待自己的这些财富，孩子才会真正树立起正确的财富观念。不是执念钱有多重要，钱有多万能，而是在没有钱的情况下，依然能有一颗乐观积极快乐的心，能在穷苦的日子里扒拉出无尽的趣味生动出来，能独保一份纯真，享受金钱以外让人内心丰盈的东西。即便身处陋室，也能一杯茶，一本书，看夕阳，颐闲情，这样的心态才是终生的财富。

如果父母整日地忙得没了自己，动不动唉声叹气赚钱不易，生活不易，不懂得调节情绪，融洽夫妻关系，一旦夫妻争吵，必搬出“我还不是为了这个家，还不是为了让你们过上好日子”这样的借口，孩子的内心就会形成：父母争吵，自己受罪的主要原因就是家里没有钱，并在未来的日子会错误地以为钱能买来一切，钱是万能的，盲目追逐金钱，以至于忽略生活中真正有价值的东西。

曾有个富商感叹，“我穷得只剩下钱了！”因为他一心忙着赚钱，无暇顾及家人孩子，妻子带着孩子远走他乡，父母病死其不曾尽孝，身边的兄弟姐妹对他好他以为是图他的钱，以致用各种难听话一一将他们推至很远，身边值得相信的朋友越来越少，等他蓦然醒悟时，生命里最重要的东西都已不复存在了。

每个父亲应该明白的是，很多的财富都是无形的，与孩子的一场亲子游戏看似没有钱可赚，但孩子的开心、父子关系的融洽才是真正的无价之宝。对你的孩子说爱 TA，对你的妻子说爱她，对你珍视的东西说爱它，告知你的孩子亲情、友情、爱情、健康、智慧、修为、品德这些才是一个人拥有的至高财富，至于金钱嘛，少能解决温饱，多能作为旅游经费那就够了。穷有穷的开心，富有富的烦恼，保持快乐的心态，满足与拥有比什么都重要。

好爸爸行动指南针

告诉孩子有钱不代表拥有财富，人的一生真正的财富是幸福感，比如和孩子进行体育锻炼，让孩子明白身心健康，是幸福的；组织孩子和TA的朋友一起快乐地游戏，而不是攀比谁有更多玩具，谁的衣服更漂亮，让孩子明白拥有朋友是富有的……通过生活中的点滴事情，让孩子明白健康、智慧、慈悲、忏悔、感恩等等，都是人生很值得追求的东西，也才是我们真正的财富。

2 带孩子探索钱是怎么来的

《爸爸去哪儿》第一季最后一期，当儿子看到 Kimi 和 Angela“满口要价”时，我们大人的反应是好玩有趣，但是儿子却忍不住说：“他们真笨，我像他们这么大的时候就已经知道什么东西值多少钱啦。”

确实在金钱问题上，儿子和同龄人相比显得非常“早熟”，这和先生跟我对他的财商教育分不开。

记得儿子 4 岁半的时候，有一天跟先生说：“爸爸，你能不能给我 100 块钱买个笔记本?”听到这个“天价笔记本”先生大吃一惊。其实一个笔记本根本不需要 100 块，但是儿子对钱数没有概念，只好对先生“满口要价”。

先生对儿子说：“笔记本一本 2 块钱，一百块钱能够买 50 本笔记本。”

“哇，一百块钱原来这么多!”儿子恍然大悟地说道。

也就是这件事，先生觉得有必要让儿子真正地认识金钱。为此，他给了儿子一个特殊的任务：让儿子用 50 块当资本，想尽办法一星期内挣到 100 块钱。

当然我并没有为儿子能赚得翻倍的钱抱有太大希望，只是想看看会不会有什么奇迹发生。先生的看法倒是很乐观，“不要以为孩子小就不理解金钱，孩子都是充满好奇心的，他们对金钱的兴趣与生俱来，儿童心理学家说了，早期的金钱教育对儿童树立一个正确积极的金钱观，形成良好的理财习惯与技巧有着不可估量的潜在作用。”

儿子自己虽觉任务艰巨，但还是答应试试。很快，儿子的绝招出现了。某日我跟先生在冰箱上发现了一个纸条，上面写道：“饮料一瓶 3

块5。”等我打开冰箱，便见十瓶饮料整齐摆放在冰箱内。我将儿子叫来问他怎么回事。儿子得意地说道，“家里的饮料喝完了，我就用自己的钱买了一些。你们不能白喝，得给我钱。”

“商店里一瓶才3块，我干吗多花5毛喝你的饮料！”我故意刁难。

儿子却不慌不忙地说道：“妈妈，这是跑路钱，你现在很渴，冰箱里的饮料唾手可得，可超市的东西你能马上享用吗？还有，你放心，我一定照章经营，绝不坐地抬价。”

这话是出自儿子之口吗？怎么一套套的。不过儿子完全不理会我的惊讶，一阵风似的进了卧室，拎出一大袋我平时爱吃的零食，当场向我一个人推销起来。

为了开拓“市场”，儿子又把目光投向了厨房。一旦有什么调味品告罄，他总是变戏法似的“送货上门”，然后从中获取一部分利润。还有日常所需生活用品，他都会非常留意使用进度，简直成了小管家。每一次交易，他都会做好记录，而且，绝对是标准的收支两条线。

一个星期结束了，儿子的50元变成87.5元，显然没有完成任务，他显得有点沮丧。先生却非常高兴地说道：“爸爸给你的任务虽然没有完成，但是在执行这个任务时你不是知道了每件物品的价格，也知道了多少钱能买多少东西，这不也是收获吗？”

听爸爸这么说，儿子心情好了很多，随即他搂着先生的脖子说道，“谢谢爸爸，你教我怎么赚钱的方法很实用，能自己赚得37块钱，我觉得很幸福。不过，也好辛苦啊！”说完，腻腻歪歪地要爸爸帮他凑够100块。

我在笑儿子的可爱同时，也突然明白，孩子并非像我们想象的那般对金钱“没有概念”。也许他们无法完全理解金钱的作用，可孩子对任何事情都有非常高的兴趣，好奇心重，喜欢观察和模仿爸爸的行为，因此爸爸对金钱的态度和方式会潜移默化地影响到孩子，受其影响，孩子会逐渐形成自己的金钱概念，因此爸爸从小就可以给孩子普及一些关于“钱”的知识，身体力行地带领孩子进行赚钱活动。

以下是“美国孩子财商教育目标”，中国的爸妈可以作为参考使用：

3 **岁**：能辨认硬币和纸币；

4 **岁**：知道每枚硬币是多少美分；

5 **岁**：知道硬币的等价物，知道钱是怎么来的；

6 **岁**：能够找数目不大的钱，能够数大量的硬币；

7 **岁**：能看价格标签；

8 **岁**：知道可以通过做额外工作赚钱，知道把钱存在储蓄账户里；

9 **岁**：能够制定简单的一周开销计划，购物时知道比较价格；

10 **岁**：懂得每周节约一点钱，留着大笔开销时使用；

11 **岁**：知道从电视广告中发现理财事实；

12 **岁**：能制定并执行两周开销计划，懂得正确使用银行业务中的术语；

13 岁至高中毕业：进行股票、债券等投资活动的尝试，以及商务、打工等赚钱实践。

好爸爸行动指南针

可以让孩子去体验一下生活，平时让 TA 去做一些力所能及的事情，给 TA 相应的报酬，做的事越难，报酬相应的会多一些，而简单的事情报酬就少一点，这样培养 TA 的金钱观，知道自己去挣钱，同时也让 TA 知道要想收获，首先得学会付出，而且付出和收获是成正比的。此外，你还可以和孩子说说你的工作、工资，让孩子明白家里的钱是如何来的。

3

孩子理财从储蓄罐开始

玩具永远是孩子们津津乐道的主题，今年学校流行玩陀螺，儿子因为跟风花了大部分零用钱买了陀螺被先生在经济上实施了“重罚”——整整 2 个月不给零花钱。但是儿子“伤疤”还没好就忘了“疼”。

最近又开始流行魔幻陀螺，儿子在网上发现售价是 98 元，但是因为连续两个月遭受先生的“经济制裁”，他根本没有钱支付这个玩具的费用，于是向我请求能否从我这里预支 98 元买这个陀螺。其实我明白儿子的心理，表面上他说预支，让我从他今后的零花钱中扣除，实质上，他是借用我对他的疼爱做出委婉的索要罢了。

但是我自己知道，绝对不能轻易做出这个预支，否则就是纵容孩子的投机取巧心理。跟先生一番商量后，我们便有了应对主意：

买一个存钱罐送给儿子。

这天，先生拿出存钱罐，对儿子说道：“这个是我和你妈妈送给你的礼物。关于魔幻陀螺的事情，妈妈已经和我说了，我不反对你买，但是你得用自己存的钱来买，钱不够你就接着存，直到存够为止。”

“我哪有那么多钱存啊！”很明显，儿子对这个建议不太接受。

“这个我不管，反正礼物送到，条件也跟你说了，陀螺你只能自己想办法买。”先生的口气不容商量，儿子最终只能心不甘情不愿地照做。

其实，先生并没有真不管，而是通过让儿子做力所能及的事情从父母处换取回报，比如照顾邻居放到我们家的小孩，以此获得 1 元的报酬。先生整理自己的书籍，将一些发黄用旧的东西拿去变卖，让儿子也去收拾一些自己不用的旧课本，如此一来不但让儿子有了一条赚钱的路子，也让他改掉了随便乱扔书籍的毛病，也不再把课本划得乱七八糟后撕掉，而是整齐码好，存到一点数量变卖。在先生的循序诱导下，儿子自己甚至发现了一条财路，就是把自己存下来游戏卡片卖给有需要的同学。很快，儿子就凭自己的能力赚得了一个魔幻陀螺的钱，这个时候，他倒不舍得了，觉得这钱来之不易，竟很是珍惜地继续存放起来。

在国外，理财教育都是从孩子抓起。比如英国，从 2010 年 9 月起，基础财务技能成为初中毕业考试中数学考试的一部分。我们的理财教育原本源远流长，春秋时期的范蠡就是理财的典范。然而，在长期“重农抑商”的政策下，传统的理财理论并没有太大的成就。即便现在，理财也被认为是大人的事，与孩子无关。不少爸爸是倾其全力满足孩子的虚荣要求，只注重孩子的学业，绝少考虑其是否善于理财。

其实理财观念的养成，无疑是引导孩子学会赚钱，同时也让他们体验创业和工作的不易，使得他们体谅父母的辛劳，不会想什么就无节制地向父母索要，更不会觉得父母养 TA 理所应当。尝试理财和尝试自己赚钱，让孩子体会到钱来得不易和辛酸，还会避免孩子的铺张浪费和富贵病。

所以，父母千万不要忽视了这一环节。具体如何培养孩子的理财观？不妨就从给 TA 买一个存钱罐做起。可以说所有孩子都下意识地喜欢存钱罐，在他们对钱的价值认识还懵懂模糊的时候，一枚枚闪亮的硬币本身就有着无穷的魅力。通过储蓄，也让 TA 学会辨别钱的大小、多少和用途，加深孩子对“小钱”、“大钱”的形象认识，等孩子的钱积攒到一定数目时为 TA 到银行开设一个属于孩子自己的账户，并用具体的物品告知 TA 存下来的钱够买什么东西。

一对美国夫妇在孩子 10 岁生日的时候，为孩子开了一个 500 美元的活期存折，并告诉孩子如果他每个月存入一些钱，一直坚持下去，到了 16 岁，他就能买一辆车子。这个孩子听了后，开始规划自己的零用钱，一直坚持每月往存折里存钱，到了 15 岁时他的存款已经超过了 3000 美元，早就可以买一辆车了。

让孩子学会存钱，不是目的而是一种手段，是要让孩子懂得如何负责自己的“花销”，并越来越多处理自己的开支，引入预算的理财概念。孩子们开始时通常不能理解为什么一定要这么做，但是你帮助他们养成了良好的习惯，这对他今后的人生却至关重要。

好爸爸行动指南针

想要通过储蓄的习惯让孩子拥有理财理念，需要你积极地对孩子进行引导。比如，引导孩子往储蓄罐里存钱，明确告诉孩子积累多少钱后可以给自己买什么样的玩具或文具，这样在孩子的头脑中对钱就会有更直观的认识。让孩子通过积累，得到“富起来”的满足感。当孩子的储蓄罐装满后，你可以给孩子在银行单独开设一个账户，并引导孩子留多少自用、存多少、存多久。

4

"抠门"老爸孩子不得"富裕病"

宁夏沙漠旅行那一期的《爸爸去哪儿》，各组家庭被安排用 50 元采购在沙漠三天两夜所需的食品，对此各位爸爸都面露难色，而爸爸们的表现也差强人意。

被自己妻子称作"不食人间烟火"的王岳伦，更是用事实证明了自己的"超凡脱俗"，在买菜时，老板开价 4 块一斤之后，他张口还价"4 块 5"。在老板一再强调是 4 块时，他还是不依不饶地一口咬定就要出价 4 块 5，搞得老板不耐烦地问："你干吗一定要给我 4 块 5?"他方才醒悟。

相信这一段奇葩式的砍价一定令很多人笑疼了肚子。但笑的同时，更是让我沉思：爸爸们财商的缺失，孩子们对钱更是一脸茫然，在整个买菜的过程，并没有见到孩子提出多么有建设性的意见。

跟五位爸爸一样，现在很多的家长因在理财教育上出现了偏差，这种偏差又直接导致了孩子的浪费、高消费、攀比消费等不良习惯。

浩浩是儿子的同学，浩浩爸爸由于四十岁才得来这么个宝贝儿子，对他自是疼爱有加，事事有求必应。

一次带儿子去游乐场，我们碰到了浩浩和他爸爸。只见浩浩身着米奇的外套、巴布豆的 T 恤和阿迪达斯的休闲鞋，整套装备下来要近千元。和他相比，我的儿子则"寒碜"很多，不过一套普普通通的运动服。

其实我也很想好好地打扮儿子一番，但是先生认为男孩穷养更好，事先做了规定不让我给孩子买太贵的东西，严格控制我给儿子的零用钱，还放出"狠话"儿子如果想要名牌、大牌，必须他自己攒钱或者挣钱买，不得无偿得到。

有时想不开，我会反驳先生，"就这么一个孩子，给他穿好点不会产生什么坏影响的。”对此先生的反驳是：“你看巴菲特有钱吧，但是他对自己的子女非常‘抠门’。巴菲特给他儿子霍华德买下了他现在经营的农场，而霍华德必须按期缴纳租金，否则立即收回；他的小儿子皮特喜欢音乐，巴菲特非常支持他的音乐事业，但是绝对限于金钱之外。皮特搬到密尔沃基市前，开口向父亲借钱，这是皮特唯一一次向父亲借钱，却被拒绝了，后来皮特只能去银行贷款。”

穷养孩子，让他们才懂事就开始自给自足，并早早培养孩子的理财意识和赚钱行为是国外很多父母的普遍做法。但是这样的方式放到中国，在爸爸眼中绝对是不可思议的。在中国，很多爸爸不断奋斗很大程度上就是为了自己的孩子，对待孩子不仅是精神上支持这么简单，更是在金钱上予以“大力”的支持。但凡孩子索要的在自己承受范围内，都会尽力完成，给孩子钱花，给钱支持他们的事业是中国爸爸们觉得理所当然的事情。可正是这样的方式，不但无法培养孩子的理财能力，孩子的自立能力也被抹杀，形成依赖性，即便以后做事业，也会因为有爸爸财力的支持无法尽心尽力，失败了也不会有什么精神压力。如此富养的孩子未来在事业上很难取得成功。

现代人的生活水平不断提升，作为父母不可能再让孩子回到以前那么艰苦的生活状态和消费水平中，但是我们不能忘记对孩子节约朴素的优良品质的教育。作为爸爸如果不能以身作则地向孩子传达节省的意义和有钱也不铺张浪费的行为，孩子生在富窝里，吃最好的，穿最好的，用最好的，一旦形成习惯，以后势必不会再适应艰苦的生活，一旦家道没落，孩子就很难独立生存。而且富贵的生活容易让孩子养成虚荣的性格，事事喜与人攀比，到哪里都是一副太子爷的样子，遇到做点脏活累活就要哭爹喊娘。如此娇气状态，不但不受人喜欢，自己也会过得很累。

所以，作为一家之主的爸爸，从小对孩子进行正确的用钱观念教育是一项至关重要的任务。

想来，很多爸爸不让自己的孩子接触金钱，一方面想着作为父母有义务让孩子有钱花，过富足的生活，另一方也是受“君子言义，小人言利”这句老话的影响，爸爸们总觉得孩子首要任务是学习，离金钱越远越好，不和孩子谈钱，孩子有需求立马就满足。至于理财能力，很多爸爸想当然地认为孩子长大了可以“无师自通”，可事实远非如此：好多孩子花钱就伸手，一有钱就马上花光，和同学比谁的东西好……

想想看，我们大人都经常感觉自己在消费、金融管理等知识面前一片茫然，何况孩子们呢？

既然如此，父母就应该在孩子很小时就传达金钱观念，告知他们钱的意义和作用，帮他们把压岁钱、零用钱存起来，用存款的数字激励孩子的存钱欲望，另外不要孩子伸手要钱就满足他，尽量要做一个“抠”爸爸，告知孩子想要有钱花，就要自己想方法挣钱，同时也要给孩子自己赚钱的机会，比如用做家务回报或卖掉自己的旧书本等方式来赚取钱财。父亲甚至还可以让孩子选择一份基金，或者用孩子的压岁钱帮其买一点黄金并等待黄金升值后卖掉。这样的带领方式会一点点增强孩子自我赚取钱财的兴趣，并乐此不疲。

这个世界有两种人，一种是让钱像雪球一样不断地滚动的人，另一种是让钱像流水一样哗哗地流走的人。前面一种人，我们称之为富人，当然，后面一种人刚开始也可能是富人，但总有一天会变成穷光蛋或败家子。为什么呢？因为他们的财商不高，不懂得理财。因此，爸爸们一定摒弃传统观念，把眼光放得长远些，在金钱上转变自己的教育方式，对孩子“抠”一点，努力提高孩子的财商，帮助孩子抵御“富裕病”的侵袭。

好爸爸行动指南针

孩子在成长过程中需要经历一些金钱上的“磨难和挫折”，帮助孩子树立正确的金钱观念和金钱态度，不要以“爱”的名义给孩子提供过多的物质享受，不能让孩子养成“要什么我爸爸都能给我买”的心态，更不能总灌输给孩子一种“咱家什么都不缺，将来你有花不完的钱”这样的观念，这会使孩子不懂得珍惜和节约，容易让他们养成什么都不干，躺在父母积累的财富上心安理得地挥霍的恶习。

5

财商高的爸爸，孩子花钱有分寸

毛毛是我们邻居的孩子，邻居是做小本生意的，没什么厚实的家底，不过，毛毛爸爸在金钱方面对毛毛可谓相当大方，逢年过节更是出手阔绰，除了给毛毛“巨额”零花钱当做礼物，更是带着毛毛出入各种商场、高级餐厅。当然，有了爸爸的“榜样”，毛毛花起钱来也是“毫不含糊”，看中什么就买什么，从来不看价格，私底下我曾担心他家里的那点小金库迟早要被他爷俩败坏光。

然而儿子另一个好朋友闹闹的情况却和毛毛截然相反。闹闹的爸爸担心闹闹会乱花钱，完全剥夺了闹闹掌控钱的机会，闹闹要买什么东西，小到一根铅笔，都要找爸爸要钱或者让爸爸买回来，得到的压岁钱也被爸爸悉数收回。有一次同学们相邀去参观一个美术展，闹闹因为自己身上没钱，买不起门票，就说自己不喜欢画画不想去。身边一个知道内情的小伙伴立马嘲笑说：“我知道，你是没钱不敢去。”听到这样的话，其他的同学也都笑了起来。这让闹闹在同龄人当中特别的没面子。

相对以往，现在的孩子可谓掉进了“福窝”，不愁吃穿不说，更是有人无偿给他们钱花，如此，孩子们时常手里捏着大把的钞票。可是，这些钱让孩子花得很爽，对大人却成了负担：如果把这些钱都交给孩子，担心孩子没有自控能力，会胡乱花掉，可如果自己帮忙保管，孩子又不乐意。看来是左右为难。一笔小小的零花钱把父母愁成这样，原因是什么？显然是爸爸们对孩子的理财能力没有信心，更深层次地说是对自己的财商教育没有信心。确实，有些爸爸的财商真的不敢恭维，他们有的在孩子面前贪小便宜，有的在孩子面前摆阔，有的则在孩子面前哭穷……这些情况无形当中都在对孩子造成坏的影响。

经济学家认为，就在孩子刚接触到金钱的时候，爸爸应该让孩子多了解金钱的意义，学会有计划地使用自己的零用钱，这是对孩子最好的理财教育。可不要小瞧了孩子的经济头脑，其实从 3 岁起，TA 就可以支配金钱了，孩子之间在金钱上也有“尊严”问题，比如，TA 会因为买不起一件东西被同伴嘲笑，TA 会因为买了一件很有意义的物品被同伴羡慕。因此你得有意识地去培养孩子的财商，给孩子树立一个好的榜样，引导孩子自己学会计划自己的零用钱，在钱上有自主权和发言权而不乱花钱。

当然，这种培养不是要逼迫孩子成为小巴菲特，也不需要谈论什么高深的理论，只需要像谈论其他问题一样，以适合孩子年龄的方法来满足他们就好。我很赞成《钱不是长在树上的》一书的作者尼尔·古德弗雷说的：家长一定不要对孩子在金钱问题上说谎。比如，你不想给孩子买他们想要的东西时，可以说“这个月我没为这样东西做预算”，或者直接告诉他“我不准备买这东西”，而不要用“我们买不起”作为搪塞的理由。因为你要在孩子面前表现出，你在控制金钱，以帮助 TA 树立起对金钱的健康态度。我觉得财商高的爸爸就应该如此。

只要我们从小培养孩子的理财观念，教会孩子健康的理财态度，教给孩子正确的用钱规划，我相信孩子人生的财富规划也就从此踏上坦途。

好爸爸行动指南针

在孩子面前算经济账，跟孩子聊聊自己挣了多少，打算做一个怎样的预算，然后告诉孩子，为买日用品和衣服，以及其他必需品一共花了多少钱（对于年纪小的孩子来说，你可以采用更简单的方法来处理：只计算当天的账目，即将每天中的开销从预算中减去）。通过这样的方式，引导孩子计划自己的零用钱。

6

会奖励的爸爸，不用金钱当奖品

现在很多爸爸为了让孩子做家务或者努力学习取得好成绩，都会和孩子进行“交易”，当孩子达到一定目标时就会给予物质或者金钱上的奖励。比如孩子考到了TA告知的名次，其就会奖励TA100块钱或者TA喜欢的玩具。

我想说这种教育是错误的，孩子做事以奖励为前提，只会让孩子形成一种思维习惯，那就是一定要有相应的报酬TA才会去做事，这样长久下去孩子不会自立自主，也不会形成主动做事的习惯。

现实中，很多爸爸都很忙，在孩子教育上一直是缺席的，他们对待孩子为了图省事，或者为了弥补孩子，或者为了让孩子亲近自己，一般都是用金钱来“打发”，比如考了个好成绩给多少钱，孩子做了什么好事奖励什么物品，节假日或者孩子生日动辄给孩子几百块做礼物——从生活到学习，他们总会给孩子很多这样的奖励，时间久了孩子觉得自己“唯一”的结果就是为了奖励，这样其实对培养孩子的兴趣和习惯非常不利，如果有朝一日，奖金没有了，恐怕孩子的努力也就没有“奔头”了。另外，还会让孩子对金钱的认识产生偏差，认为钱是万能的，从而变得有点“唯利是图”。

贝儿是先生同学的女儿，贝儿上学那天起，其爸爸就和她说只要她考试考到班级前10名就奖励5元，5名内10元，3名内20元。先生曾经建议贝儿爸爸不要采用这种方式来激励孩子学习，但是贝儿爸爸认为先生有点小题大做，不就是给孩子一点钱，不会有什么不好的影响的。一开始贝儿欣然答应，但是今年贝儿却提出了增加奖金的要求，贝儿爸爸不同意，她居然考了个白卷回家。不单如此，在家里妈妈叫她做点什么事，她回答的第一句话就是："你给我多少钱？"如果钱数达不到她的要求，她就拒绝做任何事情。

其实，贝儿爸爸这种外在的金钱激励只能管得了一时，却管不了一世，还会让孩子形成这样的认识：学习就是为了考试，考试就是为了有钱。孩子的学习动力应该是孩子自身的兴趣、成就感，而不是外在的"诱惑"，这种"内外"的颠倒，会让孩子在学习中觉得金钱的诱惑比兴趣和有成就感来得更有驱动力。当然，并不是只有学习上如此，生活中也是一样的道理。

钱不是万能的，钱和肥料一样，用得对，可以长出丰硕的果实；用太多，会烧死作物；舍不得用，只会越堆越臭。

记得有这样一个实验，让孩子尽快用鼠标把计算机屏幕上的圆圈拖曳到一个正方形里，每拖曳一个圆圈，第一组给五毛钱，第二组给五分钱，只有第三组是被请求参加实验，没给任何报酬。结果第一组在五分钟内拖了159个，第二组101个，第三组却拖了168个。从这个实验中我们可以得知两个结论：第一，无报酬的请求帮忙效果可以和给付金钱的一样好；第二，钱并没有像我们想象的有那么大动力，给得不合适，效果也不好（如第二组的成绩）。

所以爸爸鼓励孩子，培养孩子的财商，不应该过多地使用金钱奖励的手段，而应该更多地对孩子采取关心和理解的方式。

好爸爸行动指南针

"金钱奖励法"只是一种辅助的教育手段，孩子有需要大人肯定、欣赏和表扬的心理需求，你可以用一个拥抱，一句真心的赞扬，一件小礼物等等，也能达到同样的效果。如果事先已经和孩子达成了"金钱奖励"的协议，最好和孩子讲道理，在孩子理解的基础上解除这个"协议"。一开始孩子可能不会同意，你可以将钱换成对孩子有益的物品进行奖励，不过最好是买一些书籍、笔记本、书包等与学习有关的用具，或是带孩子出去旅游。

第十二章

好爸爸胜过好老师

——孩子的兴趣爱好需要爸爸来挖掘

1 当好催手，不当摧残手

很多育儿专家曾强调，爸爸对孩子大脑的发育有极大的好处，在形象、爱好、兴趣方面的影响比妈妈大。只是传统的男养家、女育子的思想，使很多人并未重视这点。最近因为《爸爸去哪儿》的热播，才使得很多家长重视爸爸在培育孩子方面的重要性。

对这样的言论，张静一开始是不服气的，以为自己辛辛苦苦地陪伴着孩子成长，几乎可以说和儿子“形影不离”，怎么就比不上那个天天“不着家”的爸爸了？不过，很快她就转变了自己的想法，承认爸爸确实比自己更能影响到孩子。改变是因为这样一件事情：

她的女儿不知从何时突然迷恋上了橡皮泥，从自己的卧室，到餐厅桌子再到卫生间，甚至厨房到处可见由她捏的形状奇奇怪怪的小人小动物。张静看着这些碍事的小东西，收拾屋子时，一股脑全将女儿的“杰作”扔了，结果孩子找不到橡皮泥，伤心地大哭了一场，等爸爸下班回来还在他面前告了张静的状。

为了给女儿“主持公道”，张静的先生特意在客厅开了一次“批斗大会”，他让张静给女儿道歉。张静起初不赞同丈夫的做法，以为扔掉那些橡皮泥是为了让女儿长个记性，以后不要随处乱扔自己的玩具。可先生的看法，扔也要争得孩子的同意，张静的做法明显是对孩子的不尊敬。张静向来也是注重教育的人，听先生说“我们大人不能仅凭自己的爱好，按着自己的主观意愿对孩子横加干涉，应该尊重孩子的兴趣爱好”这一话语后，只能真诚地向女儿道歉。

晚上睡觉前，张静对丈夫说，如此倡导孩子的主权，以后女儿会不会借此飞扬跋扈？他的先生却觉得张静多虑了，批判她差点就把孩子的创作能力抹杀了。他的看法是应该借着孩子感兴趣的事鼓励她建立人生目标，就拿她爱玩橡皮泥来说，应该称赞她的杰作，并鼓励她成为优秀的雕塑家。

他的先生不是说说而已，第二天就开始行动，不但跟女儿一起探讨用什么材质来雕塑，学雕塑前需要学习哪些基础知识，还特意买了儿童版的形象塑成书让女儿看。没想到女儿一下就沉迷其中，甚至就雕塑延伸出了一项新爱好——学画画。看着女儿的转变，张静既喜又悲，喜得是女儿终于学画画了，悲的是自己以前督促和要求过多少回，女儿都拒绝学。

很多的妈妈之所觉得爸爸的作用微乎其微，关键一点是不愿意放手将孩子放到爸爸手里。其实，只要大胆尝试，爸爸也能担起育子的责任，孩子的成长也可能会是飞速的。

一位对育儿教育颇有研究的朋友说，相对于妈妈，那些和孩子一起游戏、活动，进行情感交流的爸爸，更能走进孩子的世界，发现孩子的才能和兴趣。当然，很多的时候基于大人思维的存在，爸爸们未必会对孩子的兴趣加以正确地引导。他们只是按照大人的思维给孩子选择自认为孩子感兴趣的东西。所谓兴趣是学习的驱动力，许多爸爸都希望给孩子培养积极健康的兴趣爱好，于是给他们报辅导班，上补习班，在生活中更是用各种手段逼着孩子去学习，然而有时候反倒是适得其反，没有引起孩子的兴趣，反而让他们滋生叛逆心理。

据我了解几乎90%以上的父母会在孩子学龄阶段报各种兴趣班，有的孩子甚至报有好几个兴趣班。望子成龙、望女成凤的父母希望孩子琴棋书画样样精通。殊不知这种只顾大人感受，不管孩子心情的做法，并不能培养起孩子的求知欲，效果反倒差强人意，与父母的期望越来越远。

记得有人曾说，属于孩子自觉想干的事情，就能轻易地、牢固地为孩子所获得。孩子对所学的东西没有兴趣是孩子学习不好的主要原因。学习兴趣是学习活动的动力源，尤其对年纪小的孩子更是如此。他们年龄小、自制力差，学习中带有很大的盲目性，易受外界干扰。只有当孩子有了强烈的学习兴趣后，才会主动地学习，持久地学习。

因此我希望爸爸们真正去了解孩子，尊重孩子的意愿，用正确的方法来引导孩子的兴趣爱好，在孩子的爱好兴趣上不要像张静一样当“摧残手”，而像张静老公一样当好“催促手”。而且我也深信，没有笨孩，只有懒父母，每个孩子都有 TA 的发光之处，只是需要你仔细地观察，仔细地呵护，正确地引导和培养！

好爸爸行动指南针

孩子需要的不光是我们给予的吃饱穿暖，在他们小小的世界里，外在的一切都是那么好奇新鲜，与生俱来的求知欲望使他们见什么都想学。这就需要你仔细辨别，挑选孩子真正感兴趣的东西让其学习，而不是为了求多求全，盲目地让孩子去学习。在孩子学习的过程，你还要努力维持孩子的学习热情，比如赞美孩子的作品，合理安排孩子的学习时间，让孩子参加比赛获得成就感……真正让孩子学有所成。

2

一起到艺术殿堂采摘“艺术果”

认识一个爸爸是个舞蹈家，他和我说：“经常从书上看到如何发掘孩子的兴趣爱好，如何正确地去引导孩子，如何利用兴趣爱好来培养孩子，就从来没有真正地实践过，但是最近一段时间从儿子身上看到了很大的成果。”

以前，他只知道自己的孩子喜欢听歌，而且节奏感比较强。最近一段时间他不但发现孩子对音乐有着超强的敏锐性，而且模仿能力也很强。他说：“有天我跟孩子独处，当时我忙着研究几个舞蹈动作，并没有注意到孩子。等我回过头一看，哈哈，只见小家伙在我身后脚尖着地，双手平举着，正在模仿我的动作，别说有多有模有样了。”

发现了这一点后，以后有不论是排练还是演出他都会带着儿子。而小家伙也很给他“长脸”，只要音乐一响，孩子马上随着音乐跟着舞蹈的人一起翩翩起舞，只要音乐不停他就一直跳。他还发现有的时候孩子还会自创一些动作，有些孩子的动作还会给他带来灵感。

我们都知道良好的艺术修养是孩子个人素质的重要体现，是孩子受益一生的财富，它有一种独特的美感，还有一种独特的力量，可以涤荡孩子的心灵，塑造他们健全的人格，并有助于他们形成正确的理想和价值观。但是孩子的艺术修养不是天生的，它需要在艺术欣赏和才艺学习中逐渐培养起来。这就需要爸爸们多带孩子接触各种艺术作品，和孩子一起参加丰富的艺术活动，感受奇妙的艺术世界。

爸爸是孩子的镜子，孩子是爸爸的影子，爸爸的一言一行和一举一动都将化成涓涓细流，一点一滴渗入孩子的心灵，成为培养孩子的兴趣、爱好和特长的催化剂。

但是，说起艺术，很多爸爸都会觉得它离自己很遥远。由于各种原因，错过了学习的机会，自己成为了“音乐盲”“美术盲”，对自己而言，艺术就像一汪深潭，高深莫测，又如天边的晨星，感觉很美，却遥不可及。他们不愿孩子也像自己一样缺乏艺术修养，因此，往往自己省吃俭用为孩子买来各种绘画书籍，买来各种乐器，请来家庭教师，千方百计地培养孩子的兴趣、爱好和特长。

这固然重要，但是自身的修养、艺术的熏陶，对培养孩子的兴趣、爱好和特长也有着重要影响。确实，如果爸爸的文化素质偏低，艺术修养欠缺，就很难给孩子带来美的启迪和艺术熏陶。试想，如果家长自己不读书，不看报，不去剧院，不喜欢美术展览，不爱听音乐，怎么能要求自己的孩子获得艺术细胞，对此产生兴趣，并且爱好它呢？

孩子天生就有对美的鉴赏能力，一个刚刚出生的婴儿，会因为尿布湿了、屁股脏了而哭闹，那是因为他们喜欢清洁干净的美；如果环境中的气味不好，事物太多太乱，声音嘈杂刺耳，也会引起孩子的不安，这是天生的对秩序井然的基本美感的要求……因此，多带孩子感受艺术世界，可以很好地满足孩子的好奇心，慢慢把孩子培养成一个有较高审美能力的人。

好爸爸行动指南针

平时给孩子买各种艺术书籍的时候，爸爸自己也翻一翻，努力提升自己的艺术修养，逐渐消除对艺术的陌生感，在艺术上和孩子才有“共同语言”。带孩子参观各类艺术展时，你可以轻声地询问孩子对艺术品的看法，如艺术品上的颜色有哪些？作品整体看起来给人的感觉为何？看到展品后有什么联想？画中人物的职业……。尊重孩子的想法，适时地对孩子给予鼓励及认同，从而让孩子领悟艺术作品的神韵，感受艺术的魅力，读懂艺术，享受艺术。

3

孩子的阅读“芳草地”需要你来引领

先生虽然理科出身，却喜欢读书，各种文学书籍基本上都有涉猎，每天还坚持阅读一小时。他不仅自己读书，还引导儿子读书。自从他教给儿子图书馆分类整理法后，儿子的“小书库”日渐充实，逛书店选图书也成了儿子的兴趣爱好。先生每次回来儿子都会缠着要去书店买书。

上一周，先生跟我带儿子去书店。儿子在书店看名著，先生故意逗儿子说：“你看书速度快，干脆就坐在书店看得了，还能替爸爸省钱。”其实孩子看的那些书，比如《列那狐的故事》、《雾都孤儿》等等，看起来有 100 多页，实际上因为字比较大，又有拼音，还有很多插图，所以内容含量并不大。听了先生的话，儿子真的坐在书店开始看起来，一本书 40 分钟就看完了，然后又花了一个小时再看一本。看完儿子很高兴地对先生说：“爸爸，我今天替你省了二十几块钱呐。”

为了进一步激发儿子的看书兴趣，先生专门为儿子设计了一个读书计划。儿子每看完一本书，先生都会让儿子把书名写在计划表上，等先生回来拿给自己看，并让儿子简单的复述一下书中的故事。这个做法让儿子非常有成就感，看书的兴趣也越来越浓，每天晚上写完作业后，都会自觉地抽出 20 分钟或者半个小时看一会书。渐渐地，儿子读书的习惯养成了，到现在他已经看完 100 本书了。

有一句话说得好：“几乎所有的习惯都开始于兴趣。”你可以把马儿牵到溪边，如果马儿不愿意，你根本无法让它喝水；你可以逼迫孩子每天坐在书桌前，如果他对书不感兴趣，他可能一辈子也不会养成读书的好习惯。只有孩子感兴趣的书，他才会愿意去阅读，并且容易打开情感的闸门，在阅读的过程中体会到阅读的快乐。因此，想要孩子爱上读书，最重要的是先培养孩子读书的兴趣。可惜很多爸爸对待书如对待孩子其他的兴趣爱好一般，都是从功利的角度出发，限制孩子的读书内容，进而打压孩子的读书热情。

有一次，我和儿子在书店看书，旁边一位年轻爸爸带着女儿到书店买书。小女孩看到书店里有那么精美的读本，很是高兴，精挑细选了几本故事书和童话书。没想到年轻爸爸看到后，竟一把夺过小女孩手中的故事书，不高兴地说："看这些闲书对你写作文没有什么帮助，你现在最应该看的是作文书，好好学学别人怎么写作文。"结果，那小女孩兴致全无，一脸的无奈。不用说，这位爸爸眼里的阅读就是考学，就是为了提高孩子成绩。我想这样的教养，今后小姑娘肯定会视"读书"为一种负担，作文的提升也无从说起。

每个人都有自己的儿童时代，在这个"时代"中所接触到的东西会直接影响到一个人的成长，而其中阅读对人的影响最大：读童话，培养孩子的审美情趣；读科幻作品，激起孩子的幻想；读知识性的读物，增添孩子对世界的兴趣，从而启发创造性——总之在儿童时代读什么样的书往往会影响一个人的人生之路，从这个意义上说，儿童读物的作用就不是一般读物所能相比的，而儿童文学直接关系到儿童心灵的塑造，更有其特殊性，它富有知识性、趣味性、形象性、故事性，孩子们都喜闻乐见，更有易于激发孩子的读书乐趣。

著名童书作家乔斯坦·贾德曾说："最明智的父母，一旦给孩子吃饱穿暖之后，接下来最重要的事情，就应该去为孩子们选择出最好的书，带回家来，放进他们的卧室里。"

3~6岁是孩子学习阅读的关键期，早期阅读能丰富孩子的口头语言表达词汇，直接提升书面语言表达能力，且有助于牢固地养成良好的阅读习惯。因此，爸爸们应该行动起来，早早地把阅读的种子播进孩子的心里，让孩子从此拥有一个丰富多彩的阅读人生。

好爸爸行动指南针

阅读是一种终身教育的好方法，可以使孩子受益终身。而孩子爱不爱看书，与你的培养技巧很有关系。你应该顺应孩子的心理特点，选好孩子“爱看”的第一批书，使孩子对书产生好感。比如给孩子提供一些印刷美观漂亮、内容丰富有趣、情节发展符合儿童想象和思维特点的图画书。

4

好爸爸和孩子一起体验生命的健与美

《爸爸去哪儿》第一季里的五个孩子先生最喜欢 Cindy，节目播出后，这个小美女多了一堆的新名字——“怪力萝莉”“暴走萝莉”“能量萝莉”“风一样的女子”……我觉得这得益于她优良的运动基因。先生对 Cindy 的喜欢我分析了一下，这里面除去先生的“恋女情结”，和 Cindy 的运动天分有很大的关系。

先生和很多爸爸一样，是个标标准准的体育迷，在我怀孕的时候他曾放出话来：“不论生的是男孩还是女孩，将来一定要爱运动。”我逗他：“如果孩子不喜欢运动呢？”先生的回答：“没关系，可以培养。”而先生绝对是个“说到做到”的人，儿子一出生他就开始积极地准备培养孩子在体育方面的兴趣爱好，比如给儿子做婴儿操，会走的时候和儿子赛跑，给儿子买各种体育用品等。私底下我暗自庆幸，幸好生的是儿子，要不然是女儿的话一定会被先生培养成膀大腰圆的“女汉子”。先生却说女孩也需要运动。其实先生的话挺对的，他如此注重孩子体育方面的兴趣爱好，除去先生爱运动的天性，很大程度的原因是运动有益于孩子的成长。

我们都知道运动的好处很多，能增强心肺功能，促进血液循环；增强抵抗力，减少疾病；增加骨质密度，预防骨质疏松；增加筋骨灵活性，减少受伤的机会等等；运动还可以舒展身心，增加自信心，建立良好自我形象，甚至还有一个报告指出，学术成绩和运动参与有一定的关系。

在孩子运动兴趣的培养上，“好动”的爸爸有着妈妈无可替代的作用。爸爸们相对于妈妈天性爱运动，能够更有兴趣和耐心带领孩子做运动，同时爸爸擅长的运动也比妈妈多，孩子的选择性也就多，更有益于孩子运动兴趣的培养。

先生原本是想要儿子打篮球的，据说打篮球的孩子个子长得快。但是儿子偏偏喜欢足球，好在先生在足球方面也会一点，周末便经常带儿子踢足球。他们踢球的时候，我一般也会跟上。现在儿子很喜欢体育运动，每天都会留出点时间跑跑步，踢踢球，他还是他们年级的短跑冠军。

通过观察，我发现身体健康、发育正常的孩子总是活泼好动，运动场上经常能够看到他们的身影。不过我也发现了这样一些爸爸，他们经常会对孩子下这样的命令"不要乱跑，小心跌倒""好好走路，不要跳""给我安静地待着"……孩子的运动被禁止，失去了勃勃生气。

记得有育儿专家指出：一个孩子3～6岁培养的第一个方面需要是健康，而健康培养最主要内容，就是培养孩子建立运动兴趣，运动习惯，以及基础的运动技能。如今我们很多人都不喜欢运动，天天喊着"亚健康"，归根结底就是从小没有建立好的运动的习惯和兴趣。如果一个人在7岁之前没有建立起运动兴趣，有可能TA终身都会对运动失去兴趣，如果在7岁以前，运动兴趣和运动习惯发展的关键期，孩子能得到家长的引导，就会建立运动习惯，这个习惯TA能够长期保持，直至终生。因此，不论你是不是爱运动的爸爸，你应懂得孩子需要运动这个道理，都应满足孩子喜爱运动的愿望，取消不合理的消极禁令，引导孩子参加各种有益的体育活动。

当然，针对不同年龄段的孩子，在运动方面有不同的侧重。孩子3岁前，神经系统正在发育，一些基本的运动机能正在形成，如：爬、走、抓、打、推、眨眼、摇头、说话、做出各种表情等等。所有这些最基本的能力都将成为孩子今后智能、体能的发展基础；3～5岁，已经具备最基础的运动能力，这些能力包括跳、跑、踢、抛、接、滑动、转动等等，这些看似很简单的动作，却是孩子今后运动能力和智力能否进一步正常发展的重要基础；当孩子6岁起就进入了传统意义上的儿童体育运动阶段，如儿童足球、儿童篮球、儿童乒乓球等等。

好爸爸行动指南针

平时选择新颖有趣的体育内容，采取多种多样的、适合孩子年龄并有吸引力的方法和措施，先让孩子觉得体育运动好玩，然后产生要玩、想玩的欲望。然后给孩子提供参加体育运动的机会，比如让他们跳绳、踢毽子等，还可让他们进行比赛，从中体验到竞技的快乐。此外，爸爸还可以和孩子一起通过电视观看各项体育比赛，如田径、游泳、赛车、武术等，增加孩子对体育的兴趣。

5

会"玩"的爸爸，孩子生活有乐趣

就《爸爸去哪儿》这一节目，有人曾这样评论："度假体验苍白。每次的两天三夜，说是挑战其实更像是一次度假，至多是住着的房子略微寒酸，但他们身处的环境皆为风景秀丽之地，新鲜的空气更是久住城市的人所向往的，每次去一个地点，对于这些艺术工作者的父亲而言是一次采风，对于孩子们来说更像是一次好玩的旅行。身处的环境其实对于他们而言并没有实质的挑战。"

对此我的看法是带着孩子去领略一番别样的风土人情已经非常不错了，至少很多爸爸看了这个节目后感悟很深，觉得自己陪孩子的时间太少，都萌发出带孩子旅游的念头。

妞妞的爸爸就是受这一节目的影响，开始抽时间来陪孩子旅游的。

妞妞爸是属于那种比较会"玩"的爸爸，但是他的"玩"也仅限于他和妻子，每年的假期都会带着妻子走出家门，给自己换换水土，呼吸呼吸不一样的空气，但是对于自己的女儿妞妞，他总觉得孩子小，不适合出门，加上带一个小孩出门总会出现这样或者那样的事情，感觉麻烦。但是看了《爸爸去哪儿》以后，他开始改变自己的看法，制定了一次和女儿一起出门的"亲子游"，他把目标锁定了现在比较流行的"超五星级大邮轮"，这个项目对孩子来说很新鲜，他打算带妞妞去体验一把。

和所有的爸爸一样，妞妞爸也有"再省不能苦了孩子"的想法。以前他和妻子旅游都会选择跟团，尽量节约，但是这次他选择自由行，为的是让女儿更加从容舒适。他还明确表示不会带女儿"穷游"，不会让女儿长途跋涉，或者夜里刷屏买廉价机票，除了安全因素，他觉得目前最主要的是培养孩子的旅游热情。

登上“超五星级大邮轮”，妞妞爸选择的是海景阳台房。他说：“内舱房没有窗户，小朋友长期呆里面会觉得很压抑，景观房只有一个不能开的窗户，还是不够舒适，既然带女儿出来玩就要让她感觉到最大的快乐。住海景阳台房可以在阳台上全天候欣赏海景，清新怡人的空气让人24 小时徜徉在碧海和蓝天的怀抱中，心情轻松愉悦。”

邮轮上，从早到晚都有免费的娱乐活动，通常头一天晚上服务生就会把第二天的安排表放在你的房间里。妞妞每天早晨去餐厅享用完丰盛的早餐，就开始了一天的娱乐：滑冰、游泳、看电影、参加卡通明星见面会……为防止孩子晕船，妞妞爸还准备了晕船药，结果孩子玩得太高兴了，小家伙完全没有晕船的感觉，倒是妞妞爸自己吃了好几颗。

回来后妞妞很高兴，她问妞妞爸最多的一句话就是：“爸爸，我们什么时候再去玩啊?”妞妞爸每每听到这句话都很有成就感，他说：“这就是我想要的结果，希望通过这样的一趟趟舒适的旅程，让孩子爱上旅行。让孩子的眼里，生活永远洒满幸福的阳光。”

孩子的特性之一就是喜欢新奇的东西，对这个美丽的世界充满了好奇，所以他们喜欢旅行，喜欢陌生的风景。这样的喜好爸爸们一定要让孩子保持，都说“看得多，识得广”，孩子看得多了，可以拓宽视野，展开眼界，可以见识世界各地的美丽风景，见识不同地方的风土人情，了解当地的特产，算来好处多多。当然最重要的是让孩子从心底爱上旅游，这样，TA 才会自愿去更多的地方，见识更多的东西，感受更多的美好。

好爸爸行动指南针

如果你是第一次带孩子出去旅游，要考虑孩子的适应能力，不宜到远的地方，更不要去高原地区，可以选一个近的地方，然后由近及远地选择旅游地点，让孩子满满爱上旅游，这样以后带孩子出去玩就方便多了。如果你没时间带孩子去旅行，可以给孩子一些关于旅行的书看，那些美丽的画面、精彩的解读，一样可以让孩子感受到各地的风情之美，从而让孩子向往旅行，爱上旅行。